名人励志传记丛书

名人励志传记丛书
罗斯福传
Roosevelt

孙立军 主编

江西教育出版社
JIANGXI EDUCATION PUBLISHING HOUSE

图书在版编目（CIP）数据

罗斯福传 / 孙立军主编. -- 南昌：江西教育出版社，2018.10

（名人励志传记丛书）

ISBN 978-7-5705-0490-9

Ⅰ. ①罗… Ⅱ. ①孙… Ⅲ. ①罗斯福(Roosevelt Franklin Delano 1882-1945)－传记 Ⅳ. ①K837.127=51

中国版本图书馆 CIP 数据核字(2018)第 201246 号

罗斯福传

LUOSIFU ZHUAN

孙立军　主编

江西教育出版社出版

(南昌市抚河北路 291 号　　邮编：330008)

各地新华书店经销

三河市三佳印刷装订有限公司印刷

635 毫米×960 毫米　　16 开本　　12 印张　　字数 110 千

2018 年 10 月第 1 版　　2019 年 10 月第 2 次印刷

ISBN 978-7-5705-0490-9

定价：36.00 元

赣教版图书如有印装质量问题，请向我社调换　电话：0791-86706047

投稿邮箱：JXJYCBS@163.com　　　电话：0791-86705643

网址：http://www.jxeph.com

赣版权登字-02-2018-468

版权所有　侵权必究

前 言

> 人生就像打橄榄球一样,不能犯规,也不要闪避球,而应向底线冲过去。
>
> 人不是命运的囚徒,而是受到心灵的禁锢。
>
> ——罗斯福

美国总统富兰克林·D.罗斯福,参与并领导了世界反法西斯战争,他在"二战"中有着出色的表现。他是美国历史上唯一一位连任四届的总统。

1882年1月30日,罗斯福出生在了美丽的哈德逊河畔,父亲詹姆斯·罗斯福是一位在上层社会中有着广泛影响力的人物,母亲萨拉·德拉诺是一位受过良好教育的漂亮女人。

上中学后,罗斯福不但成绩优秀、擅长辩论,而且还是一名出色的小运动健将,网球、骑马、帆船他都很拿手。上大学之后,他更是热衷于参加各项社会活动。

走出学校后,罗斯福成为一名律师。1910年,他以民主党党员的身份踏入了政界,而不是和自己的总统堂哥一样选择成为一名共和党人——他不希望别人说自己是靠着堂哥的"提携"才踏入政界的,他希望别人相信他是一个依靠自己的能力与奋斗来实现自己梦想的年轻人。

后来,所发生的一切都证明:罗斯福的确是一个有能力、有奋斗精神的"政治天才"。他先后获任纽约市参议员、海军助理部长等职务。就在罗斯福这颗政治新星在政坛上冉冉升起时,命运却突然给了他残酷的打击,1921年8月,罗斯福在救火时跳进了冰冷的海水里,因此患上了小儿麻痹症,39岁的他从此成了行走不方便的残疾人。

在残酷的现实面前,罗斯福并没有倒下,他选择了迎难而上——不论是坐着轮椅,还是依靠别人的搀扶,他都会积极地去参加各项政治活动,最终他的自强不息感动了无数的美国人,就连政治对手也对他非常尊重。1928年,他成功当选为纽约州州长,上任伊始他就推行了美国历史上第一项社会救济福利计划,深得人心。1929年,一场史无前例的经济大萧条袭击了美国,艰难时刻美国民众选择了让他来带领大家走出困境,1933年,罗斯福临危受命成为美国新一任总统。

美国民众的选择是正确的,罗斯福上台后马上开始大刀阔斧地推行新政,很快就让美国经济开始复苏,最终走出了令整个社会都无比恐慌的经济大萧条。然而，经济大萧条的硝烟还没有散尽，第二次世界大战的硝烟又升腾了起来。这一次，美国民众还是选择了让罗斯福当总统，尽管他已经连任两届了。第三次出任美国总统的罗斯福决定投入到反法西斯战争中去，只有消灭了邪恶的法西斯，世界才能回归和平。

令人遗憾的是，就在第二次世界大战即将落下帷幕，和平的春风将吹遍全世界时，罗斯福却因繁重的政治与军事事务而损害了健康，不幸于1945年4月12日突发脑溢血在佐治亚州辞世。这不仅仅使美国民众深感悲痛，世界上其他热爱和平、反对法西斯的民众也哀痛不已。罗斯福虽然离开了世界，他的人格以及他的励志精神，却永久地留在了这个世界上。

前 言 / 1

第一章
诞生于哈德逊河畔的小男孩 / 1

生命的奇迹 / 1
美好的中学时代 / 19
哈佛大学里的社团红人 / 47
青梅竹马的玩伴 / 57

第二章
结婚后的生活 / 70

一场不同寻常的婚礼 / 70
冉冉升起的政坛新星 / 84
出任重要职位 / 95

第三章

一场突如其来的灾难 / 106

不幸患上小儿麻痹 / 106

痛并快乐着 / 125

病情大有好转 / 133

第四章

成为白宫的主人 / 147

迈出成功的一大步 / 147

成为美国总统 / 158

让人们生活得更好 / 163

第五章

努力推进世界和平 / 172

成功连任 / 172

伟人的陨落 / 176

第一章
诞生于哈德逊河畔的小男孩

生命的奇迹

1882年1月30日的早晨非常寒冷，哈德逊河两岸的树叶凋零了，河面上也结了一层灰白色的冰。在距离哈德逊河不远的山丘上，有一座可以从西面窗户将整个哈德逊河的景色纳入眼底的大房子。此刻，房子内的人却无暇观赏哈德逊河的美景，他们都在为一个男孩儿的命运所纠结。是的，我们的富兰克林·德拉诺·罗斯福便出生在这里，在这样一个寒冬里。为什么房子内所有的人都面露哀愁与担心呢？

只见，在这座房子内穿梭的男主人在来回踱步，那些仆人们则肃穆地站在原地，等候差遣。只听，那些穿梭在这座房子中的医生和护士都在窃窃私语：

"哦，上帝啊！什么？"

"这个小男孩儿居然活了下来！"

…………

而就在此刻，詹姆斯·罗斯福听到一个护士字斟句酌地说道：

"罗斯福先生，我们真的没想到这个男婴居然能活着出生！"

詹姆斯听完护士的汇报，将目光转向自己的妻子——萨拉的身上。此刻，他的妻子正躺在一张桃花心木床上休息，注射了过量麻醉药的萨拉，刚刚和那个小男婴脱离危险。在高大床头板的衬托下，更加显得虚弱，也不知道她什么时候才能苏醒过来。

在这一天的日记中，詹姆斯这样写道："8点45分，萨拉为我生下了一个胖小子，当他一丝不挂地躺在秤上的时候，秤显示为10磅重。"

在一张空白的电报纸上，詹姆斯给自己上次婚姻中生的儿子罗西写道："我的萨拉生了一个非常重的男婴，她非常虚弱，经历了相当一段艰难的时光，才将你的弟弟富兰克林带到这个世界上。"

虽然这是一封写在电报纸上的内容，它却不是用电报发送的，而是由医生转交的。为萨拉接生的那位医生在回波福克西的路上，将詹姆斯的"电报"顺手丢到罗西的家里。罗西·罗斯福就住在这栋房子的南侧不远处。

为什么詹姆斯与自己的儿子不住在一起?原来,27岁的萨拉是54岁的詹姆斯迎娶的第二位妻子,她的年纪与其继子罗西·罗斯福相近。说实话,有一个问题一直在詹姆斯的心中,那就是:"我还能教导我的小儿子多久?"

冬天到了,春天还会远吗?

转眼,凛冽的冬天被和煦的春天所取代,地面上的那些积雪渐渐融化,哈德逊河上漂流着最后一些冰块。萨拉现在已经能够下床活动了,她开始照顾她的第一个孩子。

"你瞧啊!这孩子多么可爱啊!小脸红润饱满,身体也非常健康!"萨拉轻柔地说道。即便身边有育婴师在照顾自己的宝贝,身边还有其他的用人,萨拉仍然坚持自己给孩子换衣服和洗澡。

罗斯福夫妇本来想给孩子取名叫"沃伦",这是萨拉父亲的名字。可是,当罗斯福夫妇向萨拉的哥哥——另外一位沃伦先生征询意见的时候,这位沃伦先生却拒绝了他俩的建议,因为很不幸他刚刚去世的儿子也叫沃伦。他说:

"假如你们依照父亲的名字为你们的儿子取名,我是断然不会接受的。要知道,这个名字会让我想起我那个永远消失的儿子。"

听罢萨拉的哥哥的话,罗斯福夫妇当然很失望,却不惊讶这位沃伦先生的想法。也基于对萨拉的哥哥的尊重,罗斯福夫妇决定依照萨拉父亲的哥哥的名字为自己的儿子取名为富兰克林·德拉诺·罗斯福。

当我们的小罗斯福7周大的时候，罗斯福夫妇便为我们的小罗斯福披上最为精致的白色长袍，乘坐一辆大型敞篷车来到一座位于海德公园村的圣詹姆斯教堂附属礼拜堂，为我们的小罗斯福施洗。

阳春三月，乡间的路途非常泥泞，不过还好，从爱伯尼邮路行至教堂的路只有3英里，并不是很远，从敞篷车里便可望见那座小教堂的高耸尖塔。

施洗的仪式非常简短，敞篷车顺着小教堂的东边向南疾驰而去，不一会儿便回到那座名叫"春林"的阁楼旁，车上的乘客纷纷下车走进阁楼。房间内渐渐坐满了人，转眼间欢声笑语萦绕在整个房间内。

"我看啊！未来的某一天，我们的罗斯福会成为一名总统也说不定啊！"望着自己的儿子，父亲对妻子说道。

"哦！天哪！不要啊！"母亲闻听这句话，却出言不希望这样，"我可不希望他从事政务工作，永远！"

转眼间，小罗斯福已经5岁了。在他成长的这5年中，没少从自己的母亲和保姆那里得到溺爱，当然，还有关怀、照顾和人格上的培养。这一年，小罗斯福开始反抗来自母亲和保姆的那些过分的保护，反抗一直蓄起的金黄色的鬈曲长发以及那些穿起来很像女孩儿的华丽的礼服……这些，或许是他男性本色的流露吧！

面对小罗斯福的抗争,他的母亲败下阵来,几乎是含泪将小罗斯福的长发剪掉,并且允许他开始穿裤装。小罗斯福似乎对航海特别感兴趣,并且要求自己穿起来像一位水手,因此拒绝了母亲为了补偿而为他穿上的苏格兰短裙和那些带有蕾丝边的天鹅绒套装。

水手?帆船?这些似乎跟哥伦布非常相像。为什么他对帆船情有独钟呢?

原来,小罗斯福的外祖父德拉诺曾经有一支帆船队,专门与中国从事贸易往来。一般来说,德拉诺外祖父的帆船队会从马萨诸塞州新贝福港出发,驶向中国。而小罗斯福的妈妈,也曾在8岁的时候乘船去过中国。每当妈妈向小罗斯福讲起这段近4个月环绕好望角的航海旅程时,他总会看到妈妈眼里似乎还闪烁着孩提般的兴奋。

偶然的一天,小罗斯福在"春林"的阁楼上,找到了一个他的祖先航海时用过的皮箱。打开这个破旧的小箱子,扑面而来的是一股常年行驶大海留下的腐朽味,接着,他看到里面静静地躺着一个铜炮、一艘模型船、一顶水手帽和几本旧书。小罗斯福看那顶水手帽似乎有些年头了,大概是1812年的。

从很小的时候,小罗斯福就在尝试制造属于自己的帆船,随着制造帆船的经验增加,他所制造的每一条帆船都比从前的更适合航行。一年一度的家庭避暑活动,小罗斯福总是小心翼翼地带

着自己制造的帆船来到别墅，尝试在波塞马克蒂海湾试航。这不是一次简单的试航，每次，小罗斯福都要乘坐火车到缅因州的东海岸，渡海才能到达坎波伯乐岛。小罗斯福非常享受这样的试航活动，因此随着年龄的增长，他越发地喜欢到这儿来度假。

他非常喜欢跟加拿大岛上的那些老年居民攀谈，从中他听到了那些闻所未闻的海盗故事、暴风雨造成的船难以及令自己毛骨悚然的航海传说。

当然，小罗斯福最好的伙伴便是他的父亲，跟他一样，他父亲詹姆斯也对船舶很有兴趣。这位充满童趣的父亲，有时会跟小罗斯福一起研究帆船的设计。有时候，他还会带领小罗斯福驾驶他们的"半月号"——一艘50英尺长的游艇在海湾上航行，他一步步地教会自己的儿子怎样驾驶这条游艇。

在不适宜航海的海德公园，罗斯福父子拥有更多可以共同参与的事情——夏天钓鱼和打猎，可以激发小罗斯福的好动天性；冬天滑雪橇、溜冰和冰上划船，可以让儿子不会因为冬天而懒散。

实际上，"春林"是一个农庄，詹姆斯则是一个真正意义上的地主。在他看来，自己的儿子小罗斯福应该子承父业。詹姆斯经常带着小罗斯福检查果园和菜园，以及一大片用常青树围起的玫瑰园、马厩、温室和车库。

小罗斯福的父亲是他室外的玩伴，而且十分称职。而他室内的玩伴非他母亲莫属，他母亲是一位接受过高等教育的女性，而且有很高的音乐天赋。白天，她会对着小罗斯福演唱和弹奏，晚上则是给他念书听，并且在他生病的时候悉心照顾他。

与此同时，小罗斯福的母亲还会为他的父亲分忧，去管理那些奴仆和家族遭遇的一些问题。当然，这些也都属于小罗斯福的学习范畴。

实际上，罗斯福家族一直与邻居和睦相处，因此深受邻居们的爱戴。纽伦家族住在小罗斯福家的北侧，相对于河边，纽伦一家距离小路更近一些。从纽伦家向上望去便是罗吉斯一家了，罗吉斯一家人丁兴旺——有两个女孩子和四个男孩子，在这六个孩子当中爱德门·罗吉斯和小罗斯福年龄相近，因此两人自然而然地成了好朋友。

无巧不成书，爱德门·罗吉斯也和小罗斯福一样对帆船有极大的兴趣。因此他们共同执行的第一个计划就是在一棵非常高大的古树上建筑一幢"船屋"，他们还打算驾驶着这艘"船屋"抵达中国和婆罗洲。

他们俩造的第二条船便是一具真正意义上的木筏了，因为他们两个已经不满足于在河边乏味地钓鱼了，他们向往更深的水域。

既然有了更高的目标，他们俩便开始了实施的过程。将砍下的嫩树枝紧紧地绑在一起，把这个"木排"推到距离最近的海湾旁边，两人迅速地爬上木排，希望坐上它可以乘风破浪。

现实却是残酷的，木排随着快速的水流急速下沉，两人旋即

站立在齐腰深的水中。这个结果让两人很沮丧,因为他们一直认为,无论木排上有没有承载任何货物,都应该自动漂流。

在爱德门·罗吉斯出现之前,小罗斯福的玩伴多是成年人,而且大部分是他的亲戚。当然,有时候,在一屋子的亲朋好友中会出现一些同龄人。比如,小罗斯福的教父艾略特·罗斯福有一个叫埃莉诺的女儿。她比小罗斯福小三岁,因此每次去小罗斯福的家,她都喜欢跟小罗斯福玩骑马游戏。

在众多的"罗斯福"和"德拉诺"之间,小罗斯福经常搞不清楚自己与他们之间的关系。比如此刻,他又产生了疑问:

"我问你啊!埃莉诺是艾略特的第几个女儿啊?"

"罗斯福,你和埃莉诺是远房亲戚,不要再这样发问了!"

尽管别人给了小罗斯福回答,但他仍然懵懵懂懂的。不过即便如此,却丝毫没有影响小罗斯福在同辈孩子中的领袖地位,在与同伴玩耍的过程中,他开始逐渐享受命令他人的滋味。因为这种"颐指气使"的状态,小罗斯福没少挨自己母亲的训斥。

"宝贝,你总是这样命令他人,其他男孩子会怎么想呢?"

"我知道我应该让其他男孩过过瘾,可是母亲,只有我向那些玩伴发号施令,才能做成事情啊!"听到母亲的责备,小罗斯福开口回答道。

小罗斯福的父母虽然很宠爱自己的孩子,但并不过分溺爱它,相反,他们会极力改正他的恶习。罗斯福家族中就有亲戚指责罗斯福夫妇对小罗斯福过于严苛，尽管如此，也不能改变父母对小罗斯福的严格——防止他被宠坏。

这段时间，小罗斯福的母亲渐渐发现，他的性格中缺乏服输的风度。有一天，小罗斯福和母亲萨拉在玩一个名叫"越野障碍赛马"的游戏时，母亲赢了，小罗斯福恼羞成怒，母亲突然将玩具从桌子上拿走。另外一天晚上，小罗斯福和妈妈在玩一个名叫"老处女"的游戏。妈妈发现，一旦小罗斯福输了，便会非常生气。于是萨拉郑重其事地对小罗斯福说：

"如果你以后还是这样，不愿服输，我就不会再跟你一起玩任何游戏了！"

这当然是一种处罚，而且看起来成效不错，因为小罗斯福喜欢跟母亲玩游戏。

罗斯福家族很重视对小罗斯福的教育，因此在小罗斯福还穿着礼服的时候便开始对他进行正规教育。只有具备欧洲背景的老师，才可以成为小罗斯福的家庭教师，因此小罗斯福可以用德语或者是法语与他的家庭教师进行交流。

与此同时的几年时间，小罗斯福经常按照学校的时间表进行一天的活动——

7:00，起床；

8:00，吃早饭；

9:00-12:00，上课；

短暂的休息之后,继续念书到 16:00。

对于当时的小罗斯福来说,这样的作息安排无异于泯灭男孩的天性,长此以往小罗斯福感觉到缺少自由,因此变得郁郁寡欢起来。直到有一天,母亲萨拉与小罗斯福进行了一番谈话,才发现了症结所在。

"宝贝,你现在快乐吗?"

"不,妈妈,我一点儿都不快乐!"听到妈妈的问题,小罗斯福稍显颓废地回答道。

"为什么?小罗斯福,你为什么不快乐呢?"萨拉赶紧继续发问。

"我每天的时间被排得满满的,哪里有自由呢?"一个简单的反问,充分表达出小罗斯福心中的愤慨。

晚间,萨拉就小罗斯福的心理状况与詹姆斯进行了交流,并且得出了一个结论。在第二天早上,他们对小罗斯福宣布:

"今天,小罗斯福可以按照自己的意愿去做自己最想做的事儿!"

"哦!太棒了!"听到父母的这个决定,小罗斯福难掩心中的喜悦,他可以"为所欲为"了!于是,他回房间套上外套飞奔出家门,边戴帽子边沿着山坡、沿着河边穿过茂密的树林,爬上了一座小山。

上了山,他静静地伫立在那里,闭上眼睛仔细地倾听每一种鸟叫的声音，并试图辨别。只这一个姿势，他就保持了很久，如果不是肚子咕咕叫了，他甚至忘记自己还没有吃饭。这几天，他一直想找罗吉斯家的玩伴，但他们无不被当作犯人一样被各自的家庭教师看守着。罗斯福心想，今天晚上一定要告诉那些"犯人"，自己发现了大自然的馈赠。还要告诉自己的父母，自己感到无上的喜悦！

晌午之后，太阳的炙热消减，小罗斯福感受到了树林里的阵阵寒意。略感疲倦的他继续在森林里踱步，这样难得的自由，自己一定要倍加珍惜。

但是，渐渐疲累的小罗斯福开始对家产生起渴望来，他尤其向往那客厅里的壁炉，尽管它会发出噼里啪啦的难听的声音，但能够温暖整个客厅。思及此，小罗斯福拖着疲乏的步伐向家的方向走去。

走进家里，没有人问他这一天去了哪里，也没有人向他发出任何指令。他的"五脏庙"又开始咕咕作响，于是他便向用人要了一些吃的。他看到镜子中的自己有些脏，便决定好好洗个澡——洗干净的同时顺便放松自己。

洗漱之后，他感觉自己的上下眼皮总是打架，虽然还没到睡觉的时间，小罗斯福却走向了自己的小床。躺在床上的这一刻，他觉得自由依然与自己如影随形，于是美美地睡着了。

翌日清晨吃过早餐，虽然没有人告诉他"你的自由结束了"，

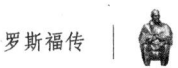

小罗斯福还是乖乖地爬上阁楼，坐在家庭教师的对面。

这一次"自由"之后，小罗斯福对那些野生鸟类的习性很困惑，詹姆斯便鼓励他成为一名鸟类学家，在他的房间内放置了很多关于鸟类的书籍。

在小罗斯福居住的房屋的另外一边，是一个耸起的像塔一样的方形的边厢，因此这个房间要略高于小罗斯福所居住的房间，它的顶楼被设计成小罗斯福的教室、游戏厅和储藏室。

渐渐地，小罗斯福的教室内不再只有他一个人，罗吉斯家的孩子和圣詹姆斯教堂牧师的孩子跟他一起学习，在他10岁的时候，他的家庭教师同时教授三个孩子——长达两年的时间。罗吉斯家的一座古老建筑上的角楼，成了他们的教室。

小罗斯福非常喜欢看书，他所阅读的课外书远比他的课本要多。詹姆斯有一个非常大的图书馆，允许小罗斯福阅读任何他想看的书。小罗斯福对地理和历史知识非常感兴趣，尤其是航海历史。他的家庭条件十分优越，因此他的父母给予了他任何可以挖掘他天赋的机会。

有那么一段时间，小罗斯福非常抵触画画和钢琴课，不久之后，他便用实际行动表示自己并没有包括音乐和绘画在内的艺术天分。

小罗斯福反应敏捷而且非常好动，夏天他常常与自己的红色撒特猎犬马克斯门徜徉在丛林之中，也可以骑着自己的威尔斯小马黛比驰骋。冬天，小罗斯福特别喜欢在罗吉斯家的池塘上肆意地溜冰。

对于成长中的孩子来说，时间过得特别快。在小罗斯福11岁的生日那天，詹姆斯送给小罗斯福一支来复枪，他喜出望外。要知道，这可是他人生中的第一支用来打猎的来复枪啊！

为了熟练使用这支来复枪，小罗斯福开始学习这方面的知识。因为在他的心中，他深信这支来复枪可以帮助他成为整个海德公园最威风的神枪手，他要穿过那片大大的树林，建立属于自己的鸟类博物馆。

"我想拥有一个书柜，专门来放置我的标本。如果父母不反对的话，我想将书柜放在楼下的大厅里！"

小罗斯福向自己的父母提出了请求，得到了父母的应允。

于是，他开始了自己的打猎生涯，知更鸟、啄木鸟、乌鸦……一一被小罗斯福"手到擒来"。本来窃喜的他却被清洗和剖制的步骤难倒了，一来他的志向与这项工作无关，二来他不能否认自己清洗和剖制标本的技术实在不能算好。

想要搜集标本，必须得对这些猎物进行清洗和剖制，这个问题应该怎样解决呢？小罗斯福想着，是不是应该将这份工作交给能胜任这件任务的人呢？在小罗斯福生活的城市内，就有一位标本师傅。小罗斯想他应该可以帮到自己。

"我说，这可是一把好枪啊！"当小罗斯福来到那位标本师

傅的店铺时，店铺老板赞赏小罗斯福的那支来复枪，继续问他，"你看到的每一只鸟，你都要射杀它们吗？"

"当然不！"小罗斯福赶紧表明自己的立场，"每一个类别，我都想收藏一只，但我永远不会射杀那些美丽的生命。"

就这样，小罗斯福和店铺老板非常迅速地建立了长久的友谊。鹰、苍鹭、金莺……小罗斯福陆陆续续带着鸟来到店铺进行剖制，待剖制成功，他又将鸟儿一只只地带回家去，放在大厅中的书柜里。

随着搜集数量的增多，小罗斯福的兴趣越发浓厚。不论去到什么地方，他都想对当地鸟儿的形态和生活状态一探究竟，即便到了国外，他都是如此。

有时候，罗斯福一家会去欧洲旅游，因此小罗斯福又多了到其他国家的历史自然博物馆参观的机会。一旦得知当地的百姓有私藏的标本，他总会想尽办法去参观。

我们知道，罗斯福家族一直以卓越著称，因此无论是国内还是国外，罗斯福家族拥有很多煊赫的朋友。因此他每到一处，总会受到当地朋友的热情款待。

不只是他们，小罗斯福的很多亲戚也经常到世界各地去旅游，因此寄给海德公园的信件上的邮票也丰富多彩。渐渐地，小罗斯福被那些小小的邮票深深吸引，于是他培养了自己第二个兴趣爱好——集邮，这个爱好将陪伴他终生。

在见识到小罗斯福的诸多爱好之前，他的父母从来不知道这个世界上还有这么多享受生活的方式。帆船、书籍、游戏、鸟、鱼、邮票……小罗斯福的兴趣触类旁通，因此他的谈资也非常多，跟他聊天永远不会感到沉闷。

青少年时期的小罗斯福不再像小时候那样任性，对周遭的人们也变得亲切友善起来，爱好交际的他非常迷人。

"我看小罗斯福非常自信，自信很好，但不要过于自负就好了！"一天，小罗斯福的爸爸詹姆斯对妻子萨拉道出自己心中的隐忧。

"没关系的，詹姆斯，"萨拉接过詹姆斯的话茬继续说，"我们的宝贝是那样的英俊，马上就会得到很多女孩子的青睐，那些美丽的少女是不会让你去改正他的自信的！"

小罗斯福有一个名叫泰德·罗斯福的堂哥，罗斯福家族更愿意叫他的小名——泰迪。泰迪在公务方面很有手腕，当然，即使有这么优秀的堂哥作为对比和参照，依然没法让小罗斯福形成谦逊的性格。

泰迪堂哥已经是纽约州议会的一名议员了，更是共和党竞选纽约市长的一员。小罗斯福13岁的时候，泰迪已经被任命为纽约市警政官，这意味着他已经结束在华盛顿长达六年的全国行政事务官的任期。

但是，小罗斯福的父亲所担心的自负并没有影响到他日后的社交生活。反而，他的母亲萨拉所说的逐渐得到了印证，那些年轻的女士开始注意到这个意气风发的小伙子。当然，小罗斯福也开始正视和那些女孩的社交。小罗斯福经常和住在附近的玛丽·纽伯一起泛舟哈德逊河，或者是一起骑单车。小罗斯福不得不承认，只有玛丽·纽伯才是他在网球场上的真正对手。

而那位小的时候经常骑在小罗斯福背上的埃莉诺，现在也安居在哈德逊河上游20里的地方。十分不幸的是，埃莉诺的母亲在她8岁的时候便去世了，她10岁的时候，父亲也撒手人寰，因此现在的埃莉诺跟外婆何尔住在一起。在维利地区，何尔家族是一个老家族，在纽约也相当有地位。

诚然，如果追溯到殖民时代，小罗斯福的祖先们亲近的都是哈德逊河流域的居民。他的父亲詹姆斯的祖先是荷兰移民，也曾在纽约市生活。1760年，小罗斯福的曾祖父便迁移到海德公园区域生活。

"五月花"号登陆普利茅斯的第二年，小罗斯福的母亲萨拉的祖先也在普利茅斯登陆。萨拉还是一个小姑娘的时候，父亲从事贸易生意发了家，买下了那幢位于哈德逊河另一边、距离海德公园20里处的名叫"艾哥耐克"房子。各个家族在哈德逊河区域陆续安家之后，罗斯福家族便位于何尔家族和德拉诺家族之间。

即便小罗斯福和埃莉诺家距离不远，但两人在成长的那段岁月中鲜有见面。当然，这主要是缘于两人求学方面不同的追求目标。十几岁时，埃莉诺就被送到英国的一所学校寄宿念书三年。而小罗斯福14岁的便被送往位于马萨诸塞州的葛罗顿男子寄宿学校就读。

正值青春期的小罗斯福长得非常高大，他的皮肤因为从事各种户外运动而呈现出健康的小麦色。如果你问他每天进行户外活动的时间有多少？恐怕连他自己都不知道，要知道这可是他第一次离开父母在学校生活，更是第一次面对那么多的陌生人开始自己的社交生活。

虽然得到了相对的自由，但他可不能随自己的意愿而辞退老师。但是，有一件事倒是令他非常开心，他小时候的玩伴爱德门·罗吉斯也在葛罗顿寄宿学校就读。

小罗斯福的父母担心他害羞的性格会影响到以后的社交，因为在就读葛罗顿学校之前，小罗斯福都是和成年的亲朋好友来往。这些人都极具涵养，因此给予小罗斯福的交往都非常舒适。一旦和陌生的同龄人交往，势必会让他感到艰难。

但是，小罗斯福并不知道马萨诸塞州的鸟和哈德逊河谷底的鸟其实没有什么不同，因此他留恋地看着书柜里的那些标本，喃喃自语道：

"放假我就会回来了，你们可要等着我哦！"

美好的中学时代

没有人不为富兰克林·罗斯福的第一次离家感到担心，因为富兰克林·罗斯福的年岁还小。那是1896年9月，一个灰色的早晨，一架被擦得锃亮的马车载着六个面色非常严肃的人——罗斯福夫妇、富兰克林·罗斯福、罗吉斯夫妇和爱德门驶向火车站。他们需要乘坐火车到达爱伯尼，再经过爱伯尼和波士顿铁路抵达马萨诸塞州的艾尔火车站。

两对夫妇一再向小罗斯福和爱德门保证，葛罗顿学校是美国首屈一指的好学校，很多梦想着上大学的男孩子们都对这所学校趋之若鹜。

此时，小罗斯福已到上中学的年龄了，我们不能再称他小罗斯福了，而是要称他为罗斯福了。可他并不知道的是，此时另外一位"罗斯福"先生正在葛罗顿等待着他。这个"罗斯福"先生正是自己同父异母的哥哥罗西的儿子泰迪。罗斯福肯定想不到，自己的侄子跟自己在同一所学校就读，但比自己的年级高。

来到葛罗顿学校，伫立在学校大门之际，罗斯福难掩心中的震撼。校园内红色的建筑洋溢着殖民地风格，周围围绕着绿茵。向东望去，可以看见一座用石头建造的灰色小教堂，这可是名副其实的哥特风格建筑。还有那座看起来和牛津大学的麦格德伦塔非常相似的方形小尖塔……校园里的一切简直太美了！

为什么葛罗顿学校的建筑会和牛津大学的风格相似呢？原

来，美国的主教派教会等同于英国的国教，而葛罗顿男子寄宿学校是主教派所办的一所教会学校，因此其中的建筑有着牛津大学的影子。

学生的宿舍在北边的"河屋"，正对着"河屋"的也是一栋宿舍，名叫"百屋"，这个名字源于里面住了一百个男孩。校园的西侧是校舍，当然还有很多别的建筑，正等待着罗斯福以后去观摩。

葛罗顿学校位于一座小山丘上，山丘夹杂在低矮起伏的群峰之间，山丘上生长着茂密的树林。走进这树林当中，罗斯福想：

"在这片茂盛的树林中，究竟生活着多少种类的鸟呢？我又要花费多久的时间去追踪它们？"

"冬天来临的话，这里的雪会有多深？可以在南斯华河上溜冰吗？"

…………

伴随着教堂的钟声，罗斯福一家三口和罗吉斯一家三口来到校长办公室。罗斯福抬头看了看那位威严的校长，瞬间紧张起来。他们的校长名叫安迪考特·彼伯蒂，高大魁梧且看起来很稳重，相信在任何一个球队都是一个得分能手。

彼伯蒂校长说话的时候，往往只说一遍，而且非常具有震慑力。他的太太却是一位极具同情心的女士，跟她说话总能让新来的家长和学生感到温和舒适。

在英国接受教育的安迪考特·彼伯蒂校长，回到故乡后立志将葛罗顿学校创办成一所具有英国风味的男校。他将各个不同的学年称为"级",并且创造性地设置"级长"来管理学生。"级长"则是从每个年级的学生中进行选拔的,在监督管理其他学生之后,"级长"会得到一定的奖励。

在视察过宿舍之后,罗斯福夫妇才离开葛罗顿学校。虽然这是罗斯福和爱德门第一次与家人分开独自求学,但奇怪的是,他们都没有哭泣。

如果用一个词语来形容罗斯福的宿舍,那么"斗室"是最为贴切的。因为罗斯福的宿舍只有9英尺长、6英尺宽,在这间宿舍里只有一张非常窄的小床、一个五斗柜和一把凳子,一排钩子紧紧地勾在衣柜上,一条简单的窗帘来充当门。

罗斯福的课程表排得很紧凑,早上7点必须起床,然后马不停蹄地冲个凉水澡。吃完早饭之后,他便和几个男孩一道去教堂进行礼拜。8点开始正式的课程,学习到中午用午膳,下午则是在操场上运动。晚上,男孩子必须着正装吃晚饭。

从这严格的作息表便可以看出,葛罗顿学校是一所昂贵的学校。这种昂贵还体现在学校的校训上——将每一位到此学校进修的学生培养成为高贵的绅士。

用过晚饭,未来的绅士们拥有一段可以自由支配的阅读时间。结束一天的全部课程,他们便会井然有序地来跟校长及夫人道晚安,继而回到自己的卧室休息。

独自离家在外求学的日子总是从难过开始的,尤其是前几天。结束了一天的活动、认识了新面孔之后的夜晚,躺在床上的罗斯福,拉了拉身上的被子,一天的新鲜感逐渐被疲累所取代,上下眼皮开始打架,尽管如此,有一种感觉仍然影响着罗斯福,那就是饥饿。

我们的罗斯福在独自求学的第一天将要入睡的时候,竟是那么的饥饿。要知道,以前他在家吃的每一餐饭都非常丰盛,而现在的伙食质量一般。葛罗顿学校不比家里,罗斯福不能随心所欲地来到厨房让用人为自己做一餐美味的夜宵。

第一天便是在挨饿的状态下进入梦乡的,真不知道四年的学校生活会使罗斯福有什么样的变化与提升?几天之后,在罗斯福的脑海中,他已经将自己和难民画上了等号。

每当罗斯福家的朋友詹姆斯·劳伦斯太太邀请罗斯福到她位于葛罗顿学校附近的家里做客的时候,他总是喜出望外地应约,要知道这可是补偿自己"五脏庙"的绝佳机会。在给家里人所写的信件上,罗斯福记叙道:

其他同学都会收到别人送的水果,他们把那些水果放在果篮里,一周总要拿出来三四次。你们要是也能给我寄来一些,那真是太好了!

过了几天,他又在家书里写道:

昨晚,我与敏特太太一起用晚膳,相对于学校的伙食,席间的菜肴不知道好吃多少倍!在过去的这几天时间内,我们吃的不是香肠就是香肠丸子,但我仍然可以接受。

这一封封家书起到了很大的作用,没过几天,家里便给罗斯福寄来了一盒盒美味的食物,有效地缓解了罗斯福的饥饿。吃过家里寄来的食物,罗斯福赶紧修书回家:

那些美味的梅肉和糖叶,我已经吃完一半了,真是好吃极了!

拥有几个孩子的彼伯蒂太太自然知道,学校里的年轻小伙子都很贪吃,因此她时常邀请一些学生到家里做客,邀请他们与自己共进早餐。

在入学之初,本以为能经常在一起玩耍的罗斯福和爱德门不曾想到,他们会被学校中的各种活动分开。更有甚者,在餐厅里两人被分在了两张桌子上吃饭。可这样被分开的时间并不是很多,后来两人就同属一支足球队,又一同被选入学校的合唱团。

他与学校里另一位"罗斯福"先生的关系,一直以来都是大家调侃的对象。相对于罗斯福被调侃的程度，他的侄子似乎比他遭遇到更多的困扰。这是为什么呢？原因很简单，同学们经常会称呼那位泰迪·罗斯福为"罗斯福侄子"，而叫罗斯福为"罗斯福叔叔"。

在适应了学校生活之后，罗斯福开始拓展和维护自己的朋友圈，他向众人展示明朗而亲和的魅力，并且通过运动来增加自己的人气。葛罗顿学校轻而易举地便挖掘出了罗斯福的潜能——交朋友。

在每一所学校当中，都会有一些学生通过一些冷酷的方式来对付那些自己不喜欢的同学，葛罗顿学校也不例外。高年级的同学喜欢将一些学生关在体育馆的小柜子或者是行李间内，有的同学会被高年级的同学泼水，甚至将水注满同学的喉咙……这是多么的不堪啊！而我们的罗斯福遇到这种问题，会怎样做呢？他通过一些巧妙的方法，逃避了高年级学生的欺负。

在葛罗顿学校，罗斯福是一名成绩优异的好学生，因此他的成绩总是在班级内名列前茅，老师们也都非常喜欢他。他在9月份写给家里的信中表示：

> 昨天上午我们考了代数，我取得了全班最高分；前天的英语测试，我的作文也拿了全班最高分……我喜欢希腊文，没有不良记录。

要知道，在罗斯福小的时候，曾经和一位来自法国的家庭教师学习过，因此对于他来说，法文并不难。而在第一张寄回家里的成绩单上，彼伯蒂校长给罗斯福写下了这样的批语：

"我认为富兰克林·罗斯福是一个聪明且诚实的学生，每一门功课他都学得非常好，毋庸置疑，他是一个非常好的孩子！"

从罗斯福寄回家的家书中，便可以推断出，他逐渐适应了葛罗顿的生活。有一天，他是这样给父母写信的：

> 就在昨天下午，我们学校的足球队和布鲁克林中学校队进行了一场比赛，显然对方是一群不懂得踢球的粗人，我们大比分获胜。比赛结束，我们一路呐喊，到合唱团的时候我发现嗓子都哑了。

显然，葛罗顿学校的生活使罗斯福感受到了快乐。学校的生活这样充实，罗斯福仍然不忘集邮。转眼间，12月到来了，虽然学生们都在为考试担忧，但这种担忧转眼间便被放假回家的喜悦所取代。

圣诞前夕，罗斯福放假回到了海德公园。刚刚踏进家门，家人就发现他全身散发的气质昭示着这个绅士不再是9月刚刚踏入校门的那个小男孩了。早就得知罗斯福的归期，家人特意找来很多朋友到家里来，并且将家里装点了一下，迎接罗斯福的归来。

装满了温室玫瑰花的钵来自中国，德瑞斯瓷器用来装甜点，父母在荷兰度蜜月带回来的大挂钟立在那里，还没有完全装饰好的圣诞树以及爱犬的湿鼻子……这一切简直太美好了，可我们的罗斯福面对这些以往会令他兴奋的美好装饰镇定极了。是的，他已经不是以前那个罗斯福了。

罗斯福夫妇将罗斯福圈在臂弯里，听他讲解那些学校生活的细节，纷纷询问：

"学校那边的天气怎么样？"

"是不是跟海德公园差不多？"

…………

当罗斯福津津有味地讲解一场辩论比赛的时候，他的母亲嗔怪地说：

"你参加的活动是不是太多了，富兰克林？"

"怎么会，妈妈？"罗斯福赶紧解释道，"我参加的活动的确很多，但那些都非常有趣啊！无论如何，都不能抵消辩论给我带来的成就感！"

"哦，是吗！哈哈……妈妈知道了，我的富兰克林。话说回来，你常去葛罗顿山庄游玩吗？"

听到了母亲的问题，罗斯福摇摇头表示否定，接着说道：

"当然不常去了，妈妈。那边离我们学校很远，大概有两里的路程，而且那边的天气也不像这边这样和煦。"

转眼间，在家的假期接近尾声。整个假期，罗斯福将葛罗顿忘记得一干二净。可当时间来到 1 月 5 日——返校的日子，罗斯福的兴致却很高。因为他非常沉醉于这半年的学校生活，并且笃定剩余的三年半也一定非常惬意。

回到学校的当晚，罗斯福就给家里写了一封信报平安。在信中，他还向父母介绍了学校新来的一位来自芝加哥的叫作罗伯特·R.麦卡米克的新同学。

当然，这个学期新来的同学不止罗伯特·R.麦卡米克一个，还有很多。新同学的加入导致在食堂吃饭的人数增多，罗斯福心中的一个念头蠢蠢欲动起来——离开小孩桌，跟一些高年级的学生坐在一起吃饭。

在很高的讲台上，校长携夫人和级长们坐在一起，罗斯福转头瞄了他们一眼，感慨道："那些人啊，就像是稀有的鸟类一样！"

这学期，罗斯福似乎过得并不如上个学期那样顺利。瞧！这个时候的他，正躺在学校医务室的床上，他在发烧呢！更为遗憾的是，他被医生诊断为麻疹。此刻，还是 1 月份，刚刚返校的那个月。

就在罗斯福昏睡的时候，母亲萨拉突然出现在他的床前。罗斯福擦擦双眼，不敢相信这是真的！更让他高兴的是，妈妈说：

"等你好一些，富兰克林！我就带你回家休养！"

直到 2 月，罗斯福病情好转，才回到了葛罗顿学校。萨拉如果知道一种传染病——流行性感冒正在学校肆虐，已经导致了两个黄瘟病例，就不会让他回去了。

虽然很遗憾，但幸运的是，刚刚恢复的罗斯福的身体里像是有了某种抗体，回到学校的他并没有被传染，而且不久之后他就开始忙起来。首先他去信给农业部，希望可以去看看当地的鸟类。紧接着，便准备他这个学期的辩论赛。虽然他的演讲只有短短两分钟，他却非常紧张。

为了减小这种紧张，罗斯福说服自己要习惯在众人面前大声说话，这份信念无形中挖掘出了罗斯福的坚强意志。他参加辩论的主题是《尼加拉瓜运河法案》，在错综复杂的政治中，他发现了自己真正的兴趣。

查看中美洲的地图，他记得母亲说过她曾经绕路好望角抵达中国，那可是一段相当精彩的航行，从这条线路便可以管中窥豹，一条贯穿巴拿马地峡的运河对美国来说极具价值。

也许这次辩论给罗斯福带来更多的惊喜，因此在3月下旬，他又参加了一次以"美国是否应该增强海军实力"为主题的辩论赛，他坚决认为美国应该增强海军实力。

泰迪堂哥被美国当时新晋的麦金莱总统任命为海军部副部长，这样一来，泰迪堂哥主张充实海军军备。即便泰迪堂哥是共和党人，但他的很多观点还是不错的。

随着年龄的增长，罗斯福写家书的署名有了一些改变，从最初的名字到现在——富兰克林·D.罗斯福，有时则更为简短——F.D.R。

这个学期的期中考试结束之后，在纽约第43大道和第5大道之间的一家名叫文艺复兴旅社内的一所房间内，罗斯福和父母度过了一个简短的春假。父母马上就要出国了，罗斯福对于这个消息感到沮丧。他的父亲詹姆斯·罗斯福心脏一直不好，罗斯福夫妇希望位于德国的白努汉温泉可以对他的身体有益。

"爸爸妈妈，如果你们去国外生活，那我将非常孤单啊！"罗斯福小声地向父母抱怨，"到了那边，你们一定要时常给我写信，告诉我那边的状况，一周至少两封，我会继续在周四和周天给你们写信的！"

这一年的整个春天，罗斯福夫妇和罗斯福都在频繁地通信，以缓解亲情的缺失。罗斯福在信中说道：

葛罗顿的复活节毫无意思，合唱团也没有在其他社团中突围而出的实力！

这个春天，我们喜欢上了更多的户外运动，我学会了打高尔夫球！

那天和泰迪一起划船，好玩极了！

在一次拳击比赛中，我的膝盖被兰若普·布朗打脱白了，好疼啊！

罗斯福现在不知道的是，正是因为这次比赛，以后他和兰若普的友谊递增。罗斯福非常喜欢打棒球，可遗憾的是，不论他怎么努力，他都打不好。校长看到他的沮丧，对他说：

"你的身体条件很好，但并没有到非常魁梧的、适合一流球队队员的地步，所以不要沮丧！"

5月份的葛罗顿非常宜人，罗斯福想要在这个季节开始一年的游泳计划。与此同时，父母也要回来了，罗斯福一天天地算着父母的归期，并且期待稍后跟他们去坎伯贝乐避暑的假期生活。甚至在更久之后，他们可以乘坐"半月号"驶向芳迪海域。

7月到来了，这个月的4日，罗斯福非常难过。因为泰迪堂哥的姐姐莎菲·考乐斯太太邀请他到位于长岛的家里共度国庆的时候，他本来欣然接受。可远在欧洲的母亲竟然来信，表示反对他去莎菲姐姐家做客。令萨拉意想不到的是，罗斯福在给她的回信中表示：

4号，我一定会去拜访考乐斯太太，我要叫她贝咪堂姐。妈妈，我认为这是我可以制定的计划，所以请不要干涉我未来的快乐！

简单的一句话，彰显了罗斯福的独立性。与此同时，当泰迪堂哥参观葛罗顿学校并借机发表演说，讲述在纽约市警察部工作的事迹时，泰迪堂哥特意邀请罗斯福去他在长岛的家做客共度国庆。

罗斯福接受了这两份邀请，这样一来，他就可以分别在莎菲堂姐和泰迪堂哥家度过了，他会拥有两份不一样的国庆记忆，简直太好了！

可好景不长，罗斯福夫妇从欧洲回来之后，罗斯福也因为自己的独立而遭受到严苛的训斥。当罗斯福拿出漂亮的成绩单之后，罗斯福夫妇的怒气便消解了。罗斯福的班级里共有十七个学生，他的成绩排名全班第四。即便他的希腊文成绩并不理想，但还好几何成绩斐然，平均成绩不错。

这一次，罗斯福还是跟父母在那家名叫"文艺复兴社"的旅馆团聚，这次团聚使罗斯福体会到了父母和自己之间割舍不断的爱，他非常高兴！

在之后的日子里，罗斯福夫妇带着罗斯福去了缅因海岸旅行。当母亲踏上私人火车的台阶时，虽然戴着手套，但她仍然拢了拢宽松的长裙。这样一个细节的动作，使罗斯福看到了母亲那淑女的一面，他深感骄傲。

他的母亲三十几岁，正是一个女人最美的年龄。自己的父亲却已年迈，罗斯福的心中闪现出一丝惊慌。他的父亲这一年69岁，常年罹患心脏病使他看起来特别苍老。

火车上的旅途总是漫长的，罗斯福无聊地在火车上走来走去。

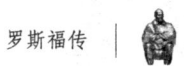

突然间，火车倾斜了一下，不知从哪里掉下来一根铁棒落在了地上，掉落的过程中铁棒在罗斯福的额头上划了一道伤痕，瞬间有血流出。

萨拉吓坏了，不知所措地看着罗斯福，此刻的罗斯福却非常镇静，对妈妈说：

"妈妈，不要惊慌！先保持冷静，我们不要惊动了父亲！"

说完话，他示意妈妈为自己包扎。

得到了儿子的指令，萨拉赶紧找来水清洗了罗斯福的伤疤，接着绑上绷带。包扎完毕，罗斯福找来一顶帽子戴上，以期许不要被父亲看到伤疤。

"我说富兰克林，你想得可真是周全啊！"萨拉赞赏儿子道，并趁机向罗斯福发问，"你还记得以前有一次在坎伯贝乐，你被打掉了一颗牙齿，却害怕我们知道后惊慌而瞒着我们的事情吗？"

"当然不会忘记！"罗斯福笑了一下，接着说，"我一直讨厌这颗门牙！"

回忆往昔，那可真是一次非常痛苦的经历啊！他记得，小时候的自己正在屋里苦恼，不知怎的，一块碎木片扎进了他的嘴里，他使劲一咬便咬断了一颗门牙。虽然非常疼，但他一直默默地忍受。

现在的罗斯福，尽管额头很疼，但跟小时候一样，他依然默默地隐忍着。还好，这一事件并没有影响到这次美好的旅行。

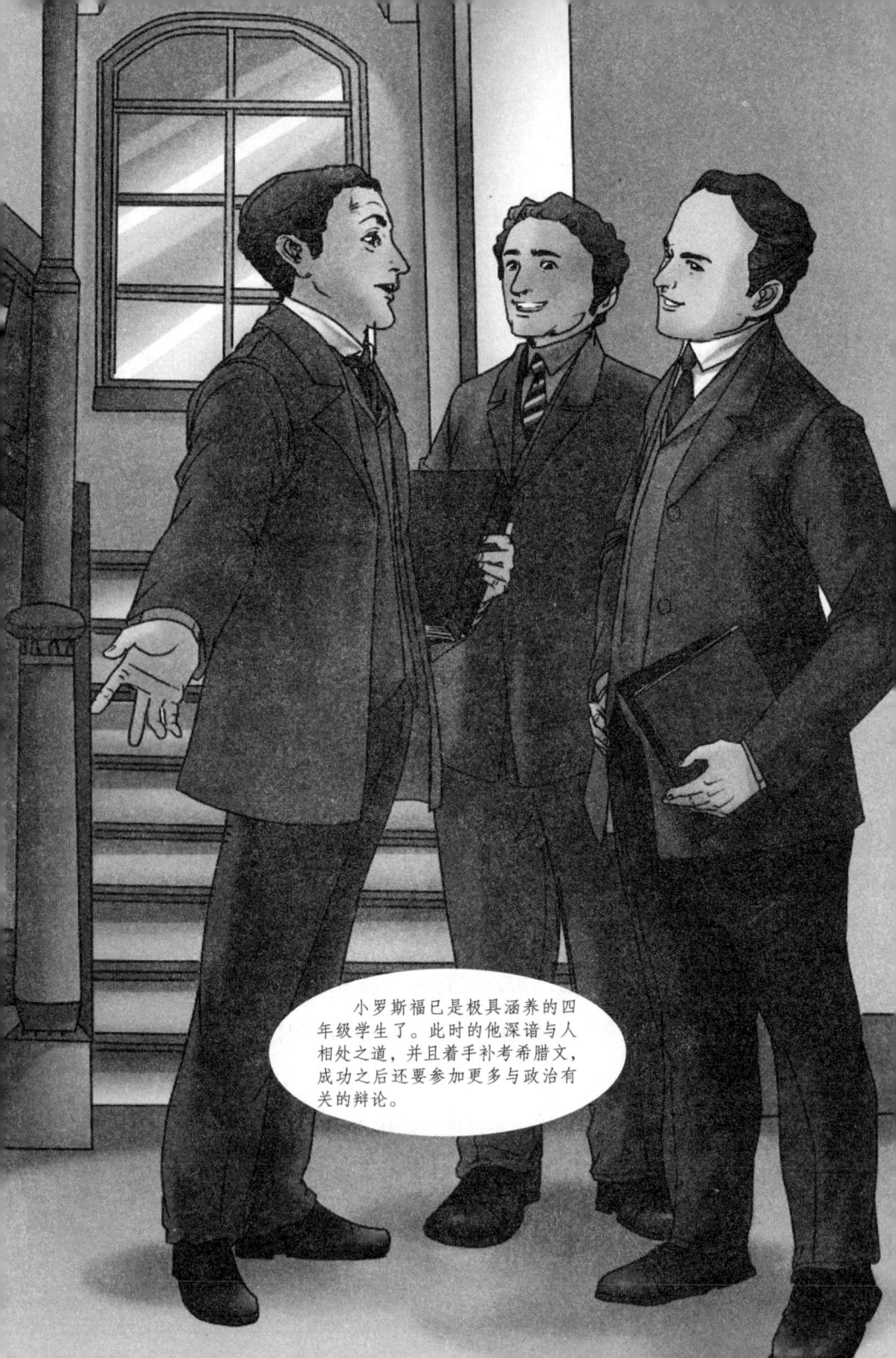

1897年，罗斯福一家跟坎伯贝乐的邻居们一起度假，划船、游泳、骑单车、打高尔夫球甚至是一起徒步旅行……好不惬意！

在加拿大的阳光照射下度过了整整一个夏天，返程时，罗斯福一家无不脸上泛着红光。这个时候的罗斯福个子很高，这是两年之后的暑假，罗斯福已经是一个极具涵养的四年级学生了。他不再是那个刚刚踏入学校，因为挨饿向家里求助的小男孩。此时的他深谙与人相处之道，并且着手补考希腊文，成功之后还要参加更多与政治有关的辩论赛。

不过，直到现在，在与人说话的时候罗斯福还是会紧张，他正在想办法克服这一点。与此同时，为了使自己的仪容看起来更好，他必须戴上矫正牙齿的金属箍，尽管一开始会很疼，但对于未来的他来说非常有好处。因为青春期变声，罗斯福离开了合唱团，可他并不因此沮丧，因为现在他的声音像极了一个成年男子。

转眼秋季辩论赛马上开始，这季辩论赛最大的论题是"美国，是否应该吞并夏威夷岛"，罗斯福反对吞并。为此，他写了周密的演说词，因为在他看来，美国消耗高额的费用去远方殖民地建设防御工事，是很不合理的。

相对于违反门罗主义的行径，罗斯福更赞同政府去加强旧金山、波士顿以及纽约的防御。至于当时舆论引导的"美国海军便利的加煤站便是那些群岛"这个说法，罗斯福则认为珍珠岛早已属于美国领土，只是大家并不知道而已。

在罗斯福就读葛罗顿期间，很多有意思的论调充斥在他的周围。为了反抗西班牙的统治，古巴人民发起了起义，转眼间已经三年了。美国一再干涉其中，已经引起各方舆论的议论。

更有甚者，一些资历较浅的报纸用"英勇""暴力"等字眼来渲染这次古巴的暴动行为，其中的一些故事虽然是真实的，但大部分还是夸夸其谈。虽然美国政府一直努力维持中立的形象，但西班牙和美国之间的紧张氛围不言而喻，而且有愈演愈烈的态势。

作为海军部副部长的泰迪堂哥，一直呼吁各方力量要扩充军备！但一些头脑更为清晰的人则主张应该与西班牙外交官来讨论这些问题。就在西班牙试图同意古巴自治的当口，位于哈瓦那港口的"缅因号"战舰爆炸了，这次爆炸事件真是惨绝人寰，包括260名官员和水手在这次爆炸事件中去世。

最让人难以接受的是，没有人知道这个事件的主谋是谁。这个事件导致所有倡导和平的声音消失，似乎战争将一触即发。

与此同时，一股战争的氛围也在葛罗顿学校悄然传开，甚至有学生异常兴奋地倡导战争！接下来的岁月，注定不平静。

1898年2月，"缅因号"沉没于海上；

1898年4月，美国正式向西班牙宣战。

随之，谣言四起，而葛罗顿的学生依然非常激动。在写给父母的信中，罗斯福仔细描述了此番场景：

西班牙已经派出了由60艘舰船组成的舰队到纽约及附近海域，我们国家很有可能陷入战乱，同学们反响很大。

面对西班牙的来势凶猛，美国迅速成立了三个骑兵队。其中被称作"狂暴骑士"的骑兵队里的很多士兵，都在西部驯野马和经营农场的时候便认识了罗斯福的泰迪堂哥。不久之后，泰迪堂哥便宣布：战争期间，他将离开华盛顿，要和那些"狂暴骑士"共赴战场，并且担任S.B.M.杨将军的副帅。

当和要好的朋友兰若普·布朗谈论战事的时候，罗斯福表示那些参战的士兵都是来自美国各地的志愿兵，那些曾经和泰迪堂哥一起就读哈佛的人也正在申请参战。为自己的国家效力甚至奉献生命是再正常不过的事情了，但罗斯福想如何才能如愿去参战呢？怎样才能顺利地去战场呢？

也许这些只是他的妄想，因为葛罗顿应该不会允许自己的学生去战场，他的家人也不能同意他去战场上冒险。

"其实，我们已经足够大了，我们可以去战场上长长见识！"

"对啊！你听，我们俩说话已经不像小男孩的声音了！"

"而且，我们身高也足够了啊！我们比正常18岁的男孩还要高呢！谁说我们不够格？"

"那是当然，说不定等去了战场会更高一些！"

……………

罗斯福与兰若普两个人商讨逃离学校、去战场的计划。

"我说,只要咱俩成功地离开学校,找到距离我们最近的招募新兵的办事处,一切就简单了!"

"对啊!只要我们成功入伍,穿上那身光荣的军装之后,还有谁会反对呢?"

两人想得真是太简单了,可正当两人决定实施计划的时候,一天在体育馆内,一名教师走到两人跟前,打量着两人的肌肤,说:

"同学们,快到医务室去!"

"为什么?"虽然老师不会有错,但罗斯福和兰若普依然觉得非常蹊跷,他们马上就问老师,"对啊!为什么我们俩要去那里?"

"不要问了,马上去!"

在老师的严声呵斥下,两人乖乖地走向医务室。经过医生的一番检查,两人被诊断为猩红热。更加不幸的是,为了防止两人传染其他学生,两人被送进了隔离病房。也许,乖乖地被隔离,才是他们俩为国效力的最大功勋吧!

当得知儿子第二次生病的时候,萨拉又来到了葛罗顿,但遗憾的是,她并不能像上次那样进去探视儿子,这可怎么办?

在开导萨拉的过程中,葛罗顿校长夫人终于知道罗斯福那股固执劲儿遗传自谁了,谁能想到,在罗斯福太太那样温和的淑女

外表下，竟隐藏着一颗永不退缩的心。

罗斯福太太不知从哪里找来了一架梯子，架在医务室窗外，待梯子安稳之后，罗斯福太太一级级地攀爬在梯子上，去看望她正在生病的儿子。

她每天都攀爬梯子去看望罗斯福，而学校中的人每天都在看她。天气逐渐转暖之后，医务室的窗户可以打开了，罗斯福太太便会每天带一本罗斯福喜欢的书籍，站在梯子顶上念给罗斯福听，每天两个小时，一直持续到罗斯福恢复健康。之后罗斯福被罗斯福太太带回了家。

依旧身体衰弱的罗斯福和兰若普听说正在前线的杨将军罹患热病退下战场，而罗斯福的泰迪堂哥接任了总帅。

当罗斯福回到海德公园的家里休养的时候，泰迪堂哥和他所带领的骑兵队登陆长岛的门多哥据点。在与西班牙的战争中，泰迪堂哥成功取胜，他不只是圣琼山之战的英雄，更成为美国民众最为欢迎的大人物。而坊间也开始流传，泰迪堂哥要竞选纽约州州长的消息。

而就在不久后的11月，泰迪堂哥真的成功竞选州长，在罗斯福就读于葛罗顿剩下的时光里，泰迪堂哥一直在任。

17岁的罗斯福已经成为一名五年级的学生了，在他的身上可以看到父母的财富象征和极具涵养的性格。他已经在葛罗顿学校就读五年了，除了在这个年龄特有的自信之外，他还有一个小恶习——先是歪头再是抬头，俯视那些和自己说话的人。

葛罗顿学校的校报即是《葛罗顿学报》，罗斯福开始给校报写文章，他的网球和高尔夫球技术也有所提升……总之，罗斯福开始逐渐地形成自己独立的人格。

他甚至开始学习曼陀铃舞蹈，以便在学校的舞会上得到更多的欢迎。罗斯福常常参加学校组织的各种舞会，特别是圣诞节前后的那段时间。在1898年到1899年的圣诞节假期期间，罗斯福和母亲保持频繁的信件往来。那个时候他参加了几次舞会，印象最深的有两次，一次是在纽约，另一次似乎在新泽西州的橘子城。

在橘子城舞会上，罗斯福成功邀请了一位叫罗拉的小姐作为自己的舞伴。但针对纽约舞会的事情，他在信件中这样跟母亲写道：

> 母亲，我希望你能帮我物色一个更加体面的舞伴，让她陪我去参加纽约舞会，这样才不必在舞会上跟那些'冰美人'跳舞了！

另外，牙齿上的矫正金属箍也给罗斯福带来了一些烦恼，是幸好马上就可以摘除了。站在镜子前的罗斯福，对于自己看到的形象非常自信。那是一张与母亲十分相似的脸，得到过父母的一致赞赏。而家中的用人们对他十分尊敬，甚至到了纵容的地步。

在这样的家庭内成长，很快罗斯福就长到了6尺，在不久的将来甚至超过了这个高度。

在葛罗顿学习期间，他时常收到家里寄来的新衣服，眼看着那些漂亮的衣服，罗斯福却穿不上，他不得不邮寄回去并附上一张字条，字条上写着：

"谢谢母亲给我寄来新衣服，但请您下次给我寄一些尺寸大一些的衣服！"

在罗斯福看来，除了涵养，一个人的衣着也对其社交有一定的帮助，尤其是圣诞节前夕。因此，当他出席橘子城的舞会的时候，着装十分得体，得到许多女孩的青睐。

当然，依然有很多姓罗斯福的人也在参加这个舞会。就在傍晚的时候，富兰克林注意到一个非常熟悉的人，那人不是别人，正是小的时候经常骑在自己背上的埃莉诺·罗斯福。自从小时候一别，他们已经好久没有相见了。埃莉诺长高了。

她的动作稍显僵硬，似乎是被逼着来的，而她正试图不被人发现。看见埃莉诺的不自在，体贴的罗斯福走过去邀请她跳舞，幸好对方欣然接受。

"我的年龄已经可以穿长裙了……"令罗斯福没有想到的是，埃莉诺自己开始了两人之间的对话，"我的外婆却硬是让我穿这条短裙子来，我觉得很不自在！"

"其实，这个舞会来了这么多人，可能没人注意你也说不定啊！"罗斯福安慰埃莉诺。

就在与埃莉诺交谈的过程中，罗斯福注意到，她的牙齿上也戴着一个矫正牙齿的金属箍，他心里念叨"好巧啊"！再度仔细地打量埃莉诺，现在的她应该15岁左右，一头金黄色的头发绑在脑后，显得有点俏皮！精致的小脸上点缀着一双深蓝色的大眼睛，虽然下巴略短、嘴巴有点儿大，但罗斯福笃定，埃莉诺不是那种没有人情味的冰冷女王。

"唉，不久之后我就会离开这里了！"埃莉诺继续自己的抱怨，"外婆说，她要送我去英国，接受那里更为优雅的教育。"

"哦，真是遗憾！"罗斯福说出了自己的心里话。

"你喜欢这里吗？你喜欢葛罗顿吗？"突然，埃莉诺俏皮地抬起双眼，询问罗斯福。

这句简单的问句引发了罗斯福独白似的表达方式，他确定眼前的埃莉诺正是此刻最好的听众。就在这支舞结束之后，罗斯福将埃莉诺送回原位。他发现，自己的这位远亲还真有迷人的地方呢！

快乐总是短暂的，正如这个短暂的舞会，剩余的假期也没剩几天了。

时光荏苒，转眼间在葛罗顿的最后一年也快要结束。此时的

罗斯福正在忙于考试和读书,为校报写文章、与家里人通信,当然还有他热衷的社交和辩论。随着成熟度的增加,在与母亲的通信中,他不再是那个总是抱怨的小男孩,他和母亲好像两个朋友一样在探讨。

在信中,母亲对他说:

"半月号"葬身火海,我非常难过。
我和一个新来的仆人相处得不是很好,非常苦恼!

每每遇到母亲向自己诉说生活中的窘境,罗斯福总是给予对方适度的安慰。并且提醒母亲给他邮寄一本叫作《卓福斯盒子》的故事书。在信中,罗斯福也随时能够了解到父亲的病情。

就这样,当家人在欧洲春游的时候,罗斯福感觉现在的自己更像一个成人,而不是那个似乎被家人遗弃的小孩子了。

最近的这段岁月,罗斯福俨然成了一个"专家"——
当初只是单纯地研究鸟类,现在演变成研究鸟类学;
当初只是简单地搜集邮票,现在变成了专业的集邮;
…………

尽管知道自己的考试成绩——5科B,德文、宗教科学和几何都是A——并不是全A,但他仍然将自己的成绩告诉母亲,因为他知道母亲会为他高兴。

在葛罗顿学校念书，必须学习宗教学科，这门学科彻底激发出罗斯福本性的一面。在他整个生命中，宗教信仰一直非常重要。葛罗顿学校有专门的"传道社"，并组织生活在附近的新汉普谢奥斯昆湖的贫穷孩子们一起去夏令营，学校里的学生没有不愿意在这个夏令营中担当工人或者是顾问的。

罗斯福热切地希望这项工作赶紧轮到他参与，长此以往，当地需要志愿者时都会找他。他在与母亲的通信中详细记述了一次和同学访问一位叫作"富瑞门太太"的事情：

这位富瑞门太太84岁高龄了，却生活得非常孤独。我和一位同学刚刚去拜访了她，花了一个小时的时间陪伴她，给她讲最近的新闻还有这里的一些趣事。

回到学校，我觉得很开心很充实。我们决定以后每周去探望她一次，查看她是否缺乏生活用品。如果她需要的话，我当然乐意去帮助她喂鸡。冬天，我更愿意帮她扫院子里的雪。

罗斯福热衷于帮助别人是再自然不过的，因为在他生活的海德公园附近，他的父亲就是一位这样乐于助人的人。他的父亲做过哈德逊河州立医院及其他慈善机构的志愿者、管理员，还开着自己的车子去探望一些病人和在生活中需要帮助的人。

在商界，詹姆斯·罗斯福也是一位煊赫而极具爱心的大亨。他和同僚一起开发铁路建设，争取到采矿的权益，为更多的人提供工作岗位，并且加入到强化河流船舶系统的行列中去。和许多人一样，他认为一个人如果兼具财富和时间，那么他就应该承担起社会福利这方面的工作和责任。

不再像刚到葛罗顿学校的那几年，那时的罗斯福希望投身战争来体现自身的价值，在葛罗顿即将毕业的这一年中，他心中真正的想法居然是上大学。距离葛罗顿学校30公里处便是举世闻名的哈佛大学，那里才是真正的大学生的世界。

葛罗顿足球队和哈佛足球队经常举办足球赛，对阵的都是一年级的新生。战况虽然激烈，罗斯福注意的却是二者的不同，葛罗顿的参赛者以男孩居多，而哈佛的参赛者却是男人，这是不可争论的事实。

初冬时节，罗斯福要搬到昂贵的金海岸宿舍去了，在给母亲的信件中，他写道：

兰若普·布朗决定，明年将跟我住在一个房间内。

来年的春天，罗斯福难免有些空虚，原因是一副眼镜。罗斯福太太打开罗斯福的信件，看到信上说：

名人励志传记丛书

  今天早上我得到了一副眼镜和一副'夹鼻眼镜',现在我就戴着眼镜给您写信呢!这个东西很有意思,下次你们再看到我的时候,一定会不认识我了!

  罗斯福信中所提及的眼镜,将会陪伴他的一生。
  真的到毕业的时候,看着那些跟自己相处了六年的同学,罗斯福才深深地体会到什么是依依不舍。马上就要成年了,回忆过往,罗斯福自己有多珍视葛罗顿的一切。
  1900年6月25日,罗斯福在给家人的信中这样写道:

  亲爱的父母,今天是一个既伤感又快乐的日子啊!我将要永远离开我的母校——葛罗顿学校了,今后我不会再在这里学习任何课程。学校里的毕业生,没有一个不想回到一年级去重来一遍的。早上结束宗教学科的考试之后,六年级的所有学生来到野外采集了一个小时的野花,用来装点餐厅。我们在我们亲手装饰的餐厅里吃了最后一顿午餐,在我们结束午饭之后,莱克特进行了一番特别棒的演说!
  当我的名字响起的时候,我非常惊讶,原来我获得了"拉丁文奖",获得了40卷的《莎士比亚全集》。整座莎士比亚殿堂,像是专属于我的一样。我想见到父母,

等不及了！我要永远离开这里了，开始一段非凡的人生！

"没有人能够体会我现在的心情，我是多么不舍罗斯福的离开啊！"在给罗斯福夫妇的信中，彼伯蒂校长这样写道。

当18岁的罗斯福福与父母团圆之际，他看到了父母脸上和蔼的微笑。因为见到父母非常开心，罗斯福的眼中含着饱满的泪水，不知道父母能不能看清楚自己的脸。当伸手抱住母亲的那一刻，罗斯福亲吻了母亲，这才发现他已经高出母亲整整一头。

哈佛大学里的社团红人

若说起哈佛和葛罗顿的不同，那可有得说了。一个像白天、一个像黑夜，一个像夏天，一个像冬天，一个像东部、一个像西边……一言以蔽之，那就是"天壤之别"。位于偏僻乡下的葛罗顿稍显闭塞，而哈佛大学正好可以与波士顿相望。在葛罗顿学习更像是在修道院，而在哈佛学习期间，罗斯福和兰若普居住在一座豪华的套房之内。

在葛罗顿学习期间，必须严格按照课程表去学习，而在哈佛，罗斯福得到了更适合自我的课程设计。在葛罗顿的每个行程，罗斯福必须向师长交代，因为他们被贴上了"年轻"的标签，而在哈佛他们可以任由自己的意愿和兴趣来设计行程，因为此时的他们是成年的男人！

1900年,刚刚踏入哈佛校门的罗斯福在9月25日写给家里的信中说:

> 我最亲爱的父母,我现在就在剑桥城里,再过一天我就正式成为1904班的学生了!

在社团的职位竞选中,兰若普早早去竞争新生足球队干事这个职位,并且幸运地当选。罗斯福却将视线定位在《哈佛红报》的领导层。因为自己有创办《葛罗顿学报》的宝贵经验,因此他对拿下这个职位非常有信心。

大学一年级的课程包括政治、历史、英语、拉丁文、法文和几何,虽然学校设置了6门课程,但并不能消耗罗斯福全部的精力。即便学校并不对新生开放某些课程,但罗斯福依然想方设法去多修其他课程。

在《哈佛红报》的面试中,他有70多个竞争者,但他仍然凭借着宝贵的办报经验成为记者候选人。既然成为一名记者候选人,罗斯福便开始穿梭于哈佛校园内搜集新闻。试想一下,一位身材颀长、穿着优雅时装的英俊男士穿梭在校园各处,怎么可能不引人注目?

他发现哈佛人的标志是顶着一顶礼帽、手持一支烟斗,于是购置了礼帽并且回家要了一支烟斗。因为要参加足球队员的选拔

赛，因此他向家里承诺，自己绝对不会吸烟！

不凑巧的是，虽然罗斯福很高，他却只有146磅，因此除了新生队的预备队员，他不适合学校的各项运动。虽然校内划船队接纳了他，但在加入船队的第二年，罗斯福便失去了兴趣。没有办法，罗斯福只能选择自己钟情的网球和高尔夫球消遣自己的运动时间。

虽然罗斯福想要参加学校的所有社团，但若是问他最想参加哪些社团，他一定会回答你三个社团的名称——飞翔、速成布丁和波塞林。在过往的岁月中，曾经有许多位"罗斯福"先生加入这些社团，但对于这位"罗斯福"先生来说，必须等待。

令罗斯福始料未及的是，当他进入哈佛大学时，他便成为共和党社团的大红人。要知道，他的父亲詹姆斯·罗斯福一直以来都是民主党人。

就在罗斯福即将进入哈佛学习期间，他的泰迪堂哥便在共和党全国代表大会中被提名为威廉·麦金莱的副总统候选人。深受罗斯福家族族人爱戴的泰迪堂哥，在罗斯福的心中拥有无上的地位。泰迪堂哥投身到后来的地方竞选活动后，罗斯福多么希望自己的年龄足够大，可以在竞选中助自己的堂哥一臂之力。

在哈佛学习期间，他童年被父母视为恶习的"命令周遭的同伴"的行径，再度出现在这里，改头换面变成指挥他人。以成人风气和自我个性著称的哈佛，铸造了罗斯福更为积极进取的性格，也为他赢得了更多人的支持。当然,"国家副元首候选人堂弟"的身份也使罗斯福在某些地方享受便利,那是一般的大一新生望尘莫及的。

在做记者期间,他花费了很多的精力和时间来创作新闻,希冀可以在《红报》中得到更高的职位。更让人叫绝的是,罗斯福能够在同一时间内做很多事情,并且每一件都做得非常好,因此他不会耽误任何一门进修的课程。另外,他还有精力和热忱投入到总统的竞选活动中去。

在总统竞选活动正式开始之前,竞选活动和新闻报道成为一件事情的两个方面。在哈佛的校园中常常流传着一问题:"我们的校长会投票给谁?"

自从1869年担任哈佛校长至今,查尔斯·W.艾略特一直深受学生的爱戴。在罗斯福入校之前,艾略特校长便带领哈佛成为世界上最伟大的大学之一。1900年,艾略特校长似乎彻底脱俗了,除了《红报》的最高编辑,没有学生可以随便地见到校长本人。

我们的罗斯福却误打误撞地进入到高年级学生都无法踏入的地方,因为常年跟国内外的贵族接触,罗斯福意气风发地拜访艾略特校长,将全校都在讨论的那个问题——校长会投票给谁——抛给了校长本人。

得到艾略特校长的回答之后,罗斯福马上兴高采烈地冲到了《红报》办公室,声称校长的答案会出现在下期校报上,标题就

拟定为："艾略特校长特别声明，支持麦金莱！"

还有一周就到竞选的日子了，这个周二的晚上，哈佛大学和麻省理工学院的共和党派学生携手，举行了一场盛大的火炬游行。

我们每个人都穿着红色的战袍、戴着红色的帽子，一个班一个班地进入到波士顿游行，总共走了8里路，专挑主要的街道进行游行。沿途的人群个个群情激昂，纷纷加入到我们的行列中来，最后给我累得啊！晚上刚躺在床上就睡着了，根本顾不上洗漱。

在给家里的信中，罗斯福这样描述这场游行。

晚秋时节，位于纽约市的文艺复兴旅社的套房成了他的家，罗斯福的母亲在那里照料詹姆斯·罗斯福，现在的他非常虚弱。11月上旬，萨拉在南卡罗来纳州的艾肯租了一套别墅，租住这套别墅的目的是希望自己的丈夫可以在那里休养，要知道那里的气候更为温和。遗憾的是，此行并未成行，因为11月中旬詹姆斯的心脏病发作了。

"让父亲好好休息休息吧！"在给母亲的信中，罗斯福是这样安慰母亲的。

12月到来之前，罗斯福便决定和父母相会。兄弟连心，他那同父异母的哥哥罗西也是这样计划的。1900年12月8日，罗斯福一家全部聚集在文艺复兴旅社内。全家团聚，本来应该是一个欢乐的日子，不幸的是，詹姆斯·罗斯福在这一天病逝了，享年72岁。

萨拉和罗斯福母子俩从未像这一刻这样亲近，料理好家事之后，在回到哈佛之前，罗斯福便决定大一的暑假带着母亲去欧洲旅游散心。

回到学校之后，罗斯福首先做的是补上落下的课程，然后便投身到学校的各项的活动中去。他在与其他人的竞争中脱颖而出，正式成为《红报》的一员。竞争中，没有人能跟他人成为朋友。而不同的政治信仰也注定，罗斯福不能与学校中的所有人成为朋友。

这样的环境促使罗斯福迅速成熟，他逐渐领悟到：一个人必须深知自己需要什么、需要站在哪一边，一旦确定了自己的方向，必须深信不疑地站在那一边。

随着深入融入哈佛的生活中，罗斯福更为清晰地认识到：不是每一个在这所学校就读的学生都能住得起金海岸，更多的人住在位于校总区的一个旧宿舍"雅德"内，还有一些人则住在距离学校很远但相对便宜的地方。而那些人利用闲暇的时间去做兼职，赚取更多的钱的人才能继续留在哈佛就读。

在这些学生中，有很多卓越分子极具人缘。他们不会动辄进入到"速成布丁社"和"波塞林社"，即便他们对这两个社团感兴趣，即便有足够的社会资格进入到这两个社团，在面对那些需

要金钱粉饰的虚荣面前，他们还是难掩捉襟见肘的经济状况。

成为《红报》正式记者之后的罗斯福，得到比以往更多与这种人闲谈的机会。闲谈之后他才了解到，这些人的生活与自己的生活有着天壤之别。自己从小便享有很多财富、特权，甚至算是被保护的贵族阶级。当他从那些人的口中得知，为了保证收支平衡，他们甚至有时候要挨饿，罗斯福着实被吓着了。

大一的春天，罗斯福再度成为哈佛校园的焦点。这还要从一条《红报》的新闻说起，那位伟大的美国副总统、罗斯福的泰迪堂哥即将莅临哈佛，并且拜访艾伯特·劳伦斯·拉威尔。

要知道，罗斯福的老师、哈佛的政治学教授艾美·拉威尔的哥哥正是艾伯特·劳伦斯·拉威尔，同时劳伦斯·拉威尔更是已经过世的詹姆斯·卢梭·拉威尔的亲戚。

对于罗斯福这位高瞻远瞩的记者来说，他一定不会放过这个难得的机会。于是他致电艾美·拉威尔家并要求与堂哥进行通话。泰迪·罗斯福马上接听电话，于是记者"罗斯福"与副总统"罗斯福"有了一段意义非凡的对话。

"副总统，我可以为您做一次名人专访吗？"

"当然，我非常乐意达成你的要求！明天上午，拉威尔课后，我会接受你的访问。我将会在他的政治课上发表演讲！"

演讲？凭着记者独有的敏锐，罗斯福嗅到这条新闻的轰动性。他想知道演讲内容，无奈这个消息被封锁。于是罗斯福冲进办公

室,写下一个这样的报道:

泰迪·罗斯福副总统将于今天上午9点,在仙杜斯戏院,为政治课第一班的学生们发表演讲。据悉,罗斯福副总统将会讲述担任纽约州州长的经验。

这个短小精悍的报道,将演讲的时间、地点和人物交代得一清二楚,却不赘述任何细节。因此,这个报道刊登在《红报》的晨版之后,立刻引来了各方的关注。不到9点,很多学生蜂拥到仙杜斯戏院的门前,希望可以聆听罗斯福副总统的演讲。

这件事轰动全校,在写给母亲的信中,罗斯福详细地叙述了这件事的始末。不久之后,罗斯福终于和母亲一同坐上前去欧洲的船。整个旅途并不无聊,因为罗斯福一直在补述那些哈佛的趣闻——那些没有写在信上的事情。

他告诉母亲,自己最喜欢经济学和政治学两门学科。秋季开学之后,即将升至大二的他计划进修全年的英国历史、美国历史和经济学。

"妈妈,哈佛会馆会在秋季开学之前落成!"

"哈佛会馆,是什么?"听了儿子的话,萨拉产生了疑问。

罗斯福深知母亲有强烈的阶级观念,因此他采取了一种更为晓畅的话告诉母亲:

"哈佛的生活固然是我梦寐以求的,但学校里充满了各种阶级思想。源于此,亨利·李·希金生少校捐赠了基金来建造一座'哈佛会馆'。哈佛会馆位于昆西街，那里有很多没有参加社团的新生，相信哈佛会馆会受到每一位新人的欢迎。在那里的每个人，都可以看书、读报，甚至举行聚会或者是社交活动，什么都可以。"

听完儿子的介绍，萨拉问道：

"你会去吗，富兰克林？"

"当然了，我当然会去！"

"可在不久的将来，你还会加入别的社团啊，到时候你哪有那么多的精力呢？"

萨拉对他的担心不无道理，罗斯福却微微一笑，告诉母亲不要为自己担心。此时此刻，海风吹拂在脸上，他非常享受这一刻的惬意，要知道罗斯福多么向往大海和船舶啊！因此，他唯一对客船不满的一点就是，不能够站在船头上遥望大海，也不能自己掌舵。

秋天一到，罗斯福的母亲便在波士顿租了一间屋子居住，以便能随时看到儿子。即便母亲与自己仅一河之隔，罗斯福仍然坚持给母亲写信。

早前的几封信中记述了哈佛会馆开幕的事情，当得知罗斯福成为飞翔社一员的时候，萨拉感到非常欣慰。

闲暇的时候，罗斯福母子俩还会去海德公园和纽约市度假，甚至有机会去白宫。麦金莱总统去世后，泰迪堂哥继任总统一职，罗斯福母子得以成为白宫的常客。

青梅竹马的玩伴

即将结束大二课程的罗斯福,正在返回海德公园的途中,谁也不曾想,在这次旅途中,发生了一件改变他命运的事情。

旅途中,罗斯福感觉到一丝烦躁,于是他在车站来回踱步。就在经过一辆普通客车的时候,他无意间瞥见了一张非常熟悉的面孔。

"那,那是……"

看到那张脸的瞬间,罗斯福瞬间呆住。他当然知道那是谁,这个姑娘不是别人,正是自己青梅竹马的玩伴——埃莉诺·罗斯福。还记得上次见她,是在葛罗顿上学期间参加的舞会上,当时因为穿着外婆勒令她穿的短裙,舞会上的埃莉诺显得是那样地局促和不安。没想到,三年的时间,埃莉诺的变化真是大啊!

金属牙箍没了、苗条的身材、成人的套裙套在她的身上显得那样地优雅,无比美丽!就在罗斯福看着埃莉诺怔住的瞬间,埃莉诺也认出了他。旋即,一朵美丽的笑着的花朵绽放在埃莉诺的脸上,是那么的迷人。

罗斯福还沉浸在埃莉诺那美丽的笑脸中的时候,埃莉诺已经挪动脚步来到了他的跟前,并伸出了手和他打起招呼。

"天啊,这哪里还是15岁时笨拙的埃莉诺啊!"

此刻的罗斯福心中回荡着这句感慨。不过,埃莉诺虽然看起来非常优雅，但还是难掩羞怯的痕迹。那时她说她会去欧洲进修更为优雅的教育，现在看来已经学成归国了，可能正要去田佛利看望外婆吧！

"我的母亲和我一起来的，现在正要往海德公园那边赶呢！"不知道为什么，罗斯福很自然地将自己的行程告诉给埃莉诺，并且邀请她跟自己一道，"你到我的车上来吧，跟我们一起回去。我想，直到海德公园站为止，我们还能聊好一会儿天呢！"

埃莉诺欣然接受了罗斯福的邀请，两人在攀谈的过程中感觉到这一趟旅程是那么的快乐。言谈间，两人互相交换了家里的一些信息。紧接着，罗斯福就是不断地盯着一张一合的埃莉诺的嘴，听得津津有味。埃莉诺说：

"我进入伦敦郊区的一所名叫苏维斯特瑞女子学校学习，这三年的生活给我了很多的感受。课余的时间，我会到欧洲的各地去旅行。我所就读的虽然是一所女子学校，但校风非常开明，主张个性的释放以及人道主义……"

讲到这里，埃莉诺的双颊略微泛红，听得雍容华贵的罗斯福太太略显惊讶。埃莉诺顿一顿，继续说道：

"我的老师和亲戚都觉得我有音乐潜能，所以一直想将它挖掘出来，结果却不尽如人意。另外有一个学期，我有一个德国室友，她给我讲了许多德国的事情，非常有趣，我的德语能力就是在那个时候提高的。为了学习法文，我还在一个法国人的家里度过了一个假期。

"在我看来,巴黎的清晨是那么迷人,只要看一眼就像是进入梦里一般!任何时候,我都想看到巴黎!非常幸运,我母亲的妹妹——史坦利·莫的摩就住在巴黎,她使我实现了我的梦想。"

对于埃莉诺所说的,罗斯福太太特别满意,她相信在国外旅游可以给人带来比在学校更多的收获。而且,学习一定的外语知识也是很有必要的。罗斯福太太最为埃莉诺高兴的便是,埃莉诺去过很多国家旅游,意大利、比利时、德国、瑞士……每一个国家的名字都令她向往。

"妈妈,我觉得生活在现代社会的每一个人,都应该主张'出入社交界',您说对吗?"罗斯福问他的妈妈。

"那是当然了啊!"罗斯福太太给予他肯定的回答。

大部分时间里,埃莉诺的何尔外婆都待在位于田佛利的家中,因此埃莉诺打算寒假的时候再去拜访布西阿姨——一个叫艾迪·李文斯顿·何尔的阿姨,是她母亲的另外一个姊妹,埃莉诺要跟她住在位于纽约市西37街的那栋房子内,以便她开展罗斯福所说的"出入社交界活动"。

"我想届时,你会收到我的一份邀请函。"得到了母亲的赞扬,罗斯福赶紧向埃莉诺那说道。

还没等到埃莉诺点头,罗斯福心中已经觉得这件事情是情理之中的了。罗斯福和埃莉诺是在海德公园火车站分开的,不久之后，罗斯福太太便着手前往坎伯贝乐旅游，她打算将60英尺长的"半月二号"——丈夫离世前的那个夏天购置的帆船卖掉。不知道为什么，一直到现在，仍然无人问津。罗斯福对此却感到庆幸，毕竟他对乘船破浪情有独钟。

大三的秋天，回到哈佛继续自己课程的罗斯福，在他排得满满的课程表中发现了自己最为喜欢的两个科目——政治和历史，他非常高兴，也很期待这一学年自己的进步。

与此同时，他参加了"飞翔社"，并且加入了哈佛会馆的图书馆委员会，平时课余得闲，罗斯福便会到当地的旧书店去寻找一些书籍来扩充哈佛会馆的图书馆，希望给很多爱看书的、那个阶层的人更多精神食粮。

要知道，那个时候的罗斯福已经是《红报》的一名编辑了。也是在大三这一年，罗斯福又顺利加入了"速成布丁社"。让他非常遗憾的是，本就是最难进入的"波塞林社"并没有应允他的加入请求。

罗斯福私下打听原因，得知这与自己跟"雅德"那边宿舍的学生有过多的交往不无关系。另外还有一个原因，也许是罗斯福为那个倡导"民主主义"的哈佛会馆做了很多工作和贡献。可能他不知道的一个最大的原因，是因为参加过多的社团，罗斯福忘记了为自己所加入的同阶级的社团尽到自己的职责。

不过尽管如此，罗斯福仍然心情不错，上课时学习自己感兴趣的课程，下课后去做自己最想做的工作。哈佛的生活，真不赖！

大三的寒假，罗斯福依旧和罗斯福太太在华盛顿市、纽约市和海德公园之间穿梭，有时会偶遇埃莉诺。看到埃莉诺的罗斯福，渐渐地迷上穿正式晚礼服的她——是那么的漂亮！

在与埃莉诺的交往中，罗斯福渐渐发现她并不是关在教室内的"公主"，反而对世界和国家大事了如指掌。另外，对于埃莉诺关心社会福利工作这一点，罗斯福非常赞赏。

"你知道吗，因为我把大部分的时间用来关心那些妇女慈善协会、儿童慈善协会这样的团体，不喜欢参加过多的社交活动。因为这些事情，我的阿姨们和葛兰妮并不赞同我的做法。说真的，我也不知道该怎么办，我有时非常苦恼！"

"那你的罗斯福祖父没有成立任何社团吗？"

听到埃莉诺向自己诉苦，罗斯福打算好好安慰她一番。

"我的祖父是一位公社信托人，因此他并没有设立俱乐部会所。但是感恩节的时候，他一般都会亲自准备晚餐。"埃莉诺轻轻地说。

"要知道，这个世界的穷人真的太多了！"

"是啊！罗斯福，要知道在这个世界中有很多饥寒交迫的人生活在战争的夹缝中。对了，在纽约市有一个'何尔厨房'的地方，你去过吗？"

罗斯福的一句感慨引来埃莉诺更多的惆怅，但这个叫"何尔厨房"的地方,他真的没听说过,因此他向埃莉诺摇摇头。

他倒是见识过纽约贫民窟的状态,那些贫民生活在纽约市东部低洼的地区。

后来去拜访埃莉诺的时候,她正在瑞文顿节的社会福利救济院照顾那些孩子们呢!埃莉诺此时正在教一些小的女孩跳舞,看见这个场景,罗斯福不禁感慨:

"当初还是我教你跳舞的呢,那个时候你略显笨拙,没想到现在居然教别人了?"

思及此,罗斯福笑出了声,许多女孩子闻声看到了罗斯福,便跑过来将他拉到埃莉诺的身边,问道:

"罗斯福小姐,这是你的男朋友吗?"

听到问题的两个人,都有点不好意思。

得知罗斯福的母亲罗斯福太太邀请埃莉诺参加海德公园舞会的时候,罗斯福内心的激动无法言说。他小心地将真情实感隐藏起来,可是他发现,当时间的车轮滚滚向前的时候,他对埃莉诺的感情似乎越来越浓烈了。

大三结束的时候,罗斯福已经修完文学学士学位的所有学分,因此他可以离开哈佛了,可以回到母亲的身边,但他并没有马上离开,因为还有很多其他活动等着他参与。要知道,他可是《红报》下一年度的主编候选人,还有"速成布丁社"邀请他明年秋天做那里的图书馆馆员,再还有"飞翔社"让他当图书馆馆长。

大三的假期结束了，在得到母亲的应允后，罗斯福返回哈佛继续他第四年的学习。他将精力的大部分投入到《红报》的管理和创作上，尽可能地将工作做到尽善尽美。在他接任《红报》主编之前，《红报》稍显沉闷，罗斯福早就想把这里整顿一番了。

这是在社会活动方面的计划。在学业这一块，罗斯福选择了进修历史学和经济学的硕士课程，但只有他自己知道，只有《红报》才凝聚了他最大的兴趣。

即便如此，若你说他的兴趣只在《红报》这里，也不尽然。因为他逐渐认识到，自己竟然爱上了埃莉诺。只要有时间，他就要去看望埃莉诺，甚至热情地追求她。现在的埃莉诺仍然为社会福利救济会工作，跟自己的好朋友珍·芮一起。

珍·芮是"纽约议坛"即"前锋议坛"的负责人怀特洛·芮的女儿，她的工作对象是消费者联盟。工作重点是帮助他们调查研究服装工厂和百货公司的就业情况，希望可以给那些穷苦人提供更多的工作机会，保障他们的温饱。

埃莉诺总要对社会提出批判和改革要求，但这对于害羞的她来说是很大的挑战。因此，罗斯福特别赞赏埃莉诺的付出和工作精神。

也许是受到埃莉诺的感染，他对改革的事情也相当用心。既然现在是《红报》的主编，那么他就要呼吁那些哈佛亟须改革的方面进行改革——

他首先将矛头对准足球队,认为他们并没有尽力,而且缺乏学生团体的支持;

许多宿舍有火灾隐患,应该适度增加逃生梯和灭火器这些防火设备;

前往哈佛会馆的小路非常泥泞,因此他呼吁将这条小泥路修成木头的道路,以便会馆的成员出行;

…………

在罗斯福的带领下,《红报》开展了一件具有崭新意义的事情,那就是《红报》的社论板块上逐渐出现了对时政的评论。去年1月份,罗斯福已经满21周岁了,因此到今年11月的时候,罗斯福就能够投出他的第一张选票了,他已是选举人了。

在评论时政的板块中,他阐述了自己的观点。罗斯福并不赞成泰迪堂哥在任期期间所做的一些改革政策。在他看来,罗斯福总统想使总统权力反超国会的这一措施,并没有起到改革的作用,反而促使政治体系逐渐失衡。

罗斯福的政治信仰逐渐向父亲所支持的党派靠拢,来到海德公园投票处时,罗斯福支持的是民主党提名的候选人。

同样是在11月,罗斯福在海德公园还有另外一件重要的事情,那就是参加感恩节。每一年的感恩节到来之际,海德公园都会有一系列的活动,但没有一次有罗斯福筹划的这次出色。

原来,这一年的感恩节,对于罗斯福来说,埃莉诺是他最重

要的客人。因此，埃莉诺和罗斯福母子共同坐上了去往海德公园的火车，这是罗斯福早就考虑好了的。

刚刚抵达海德公园火车站，罗斯福逮着一个机会便向母亲说道：

"母亲，我和埃莉诺恋爱了，并且我向她求婚了，值得高兴的是，她答应了我的求婚。目前，我们马上就要结婚了，真希望婚后的我们能幸福生活！"

这一番话语难掩罗斯福的喜悦，听到这个消息的罗斯福太太花了好一会儿才从震惊中回过神来。因为儿子刚刚满21周岁，而埃莉诺也才刚刚19周岁，现在结婚的话他们似乎太年轻了。罗斯福知道母亲在担心什么，罗斯福向母亲说出了自己内心最诚挚的话：

"亲爱的母亲，我知道你在担心什么。但是您是最了解我的性格的，您知道没有什么能够阻挡我的计划。母亲，儿子只想让你知道从前您有一个儿子，今后您就要疼爱我和埃莉诺两个孩子了。我们会一如既往地爱您的，而埃莉诺品行出众，一定会是您永远的好女儿。"

毋庸置疑，萨拉是一个真正的淑女，正如罗斯福所说，她对儿子的性格了如指掌，既然他已经做出了计划，那么没有什么能阻挡他的决心。既然这样，她选择了接受罗斯福即将和埃莉诺结婚的请求。但要回到从前她的角色当中，要知道，萨拉·罗斯福可是最漂亮、最迷人和最干练的女主人呢!

因此,在感恩节的晚宴上,她坐在了餐桌的首席上,展现她独有的魅力。在平静的外表下,虽然她了解自己的内心正在为一场婚礼而做着准备,这场婚礼看似迫在眉睫,但必须想一些方法来延缓一下,她觉得他们还小。

回到纽约之后,埃莉诺给罗斯福太太写了一封语气非常礼貌的信件,这封信件如下:

亲爱的罗斯福太太,谢谢您昨天细致而周到的招待,非常感谢!我想我了解您的感受,也知道这件事对您来说充满了挑战和困难。但是,在这里我希望您能多爱我一些,由衷地希望!

您一定不知道,在我的内心深处,我多想做一个您深深喜欢的孩子。您也不会知道,从去年夏天开始,我对您的敬爱便在我的心中生根发芽,其实,我早已把你当成自己母亲看待了。希望您能接受我和我的想法。

我想现在的我,是真心喜欢富兰克林的,虽然我并不能描述出对他最真实的感觉,但我现在最大的心愿就是尽我最大的努力成为能够与他相配的那个人。

回到《红报》办公室的第二天,罗斯福也给母亲写了一封信,

信中这样说道:

> 亲爱的母亲,我知道因为我的事,您这几天一定困扰极了!但是,母亲,如果有什么其他的办法不那么困扰你,我也会去做的。
>
> 我知道母亲了解我,可是您却不知道我有多么期盼这份感情能够开花结果。您一定不知道,我早就在心中酝酿这份感情了。
>
> 我想,我是不会改变我的心意的。当确定和埃莉诺共度一生的时候,我感觉我是这个世界最快乐、最幸福、最幸运的那个人。

埃莉诺和罗斯福的信给了罗斯福太太很大的震动,随后的几周内,罗斯福太太的想法似乎有些转变,最后她不得不在两人坚韧的感情面前妥协。

在给罗斯福的回信中,她希望罗斯福和室友兰若普能够跟着她乘坐凯瑞宾汽艇去玩几周,她将得到最为充裕的时间去考虑这件事情。

罗斯福同意了母亲的提议,用汽艇带着她去了很多令人心旷神怡的地方,像古巴、裘拉索、特立尼达和波多黎各等地方。

经过一番漫长的旅行,罗斯福终于在3月份回到了哈佛。旅

名人励志传记丛书

行使他彻底放松心情,但是他深知此时的自己放不下的仍然是埃莉诺,他深深地爱着埃莉诺,埃莉诺仍然是他结婚的不二人选。

不久后,罗斯福太太便带着罗斯福来到了华盛顿,此行的主要目的就是希望通过亲戚的帮助,能够让罗斯福出任伦敦驻美国大使馆的秘书。说来也巧,就在这个时候,埃莉诺也在华盛顿拜访她的姑姑——威廉·考乐斯太太。

因此,当罗斯福太太去拜访亲戚的当口,罗斯福和埃莉诺抓紧这宝贵的时间,一起到外面散步或者吃饭,只要两个人在一起,每一分每一秒都是珍贵的!

尽管罗斯福太太极为努力地帮助罗斯福运筹,但英国政府以"罗斯福过于年轻"为由,拒绝了罗斯福担任任何国职的要求。对于这样一个结果,罗斯福太太稍显失望,罗斯福和埃莉诺却暗自窃喜,因为不能去国外意味着两人能在一起。

这样一来,罗斯福太太便没有任何理由可以延缓儿子罗斯福与埃莉诺的婚事了。她现在努力地从埃莉诺的身上看到更多的优点,试图跟埃莉诺变成朋友。

因此,罗斯福太太和埃莉诺一道去哈佛,参加罗斯福的毕业典礼。两个在罗斯福生命中最为重要的女人共同注视着站在台上的罗斯福,他穿着配有红色纽扣的黑色学士袍,是那样地英俊。

典礼结束,罗斯福母子和埃莉诺共同去坎伯贝乐旅游度假。罗斯福答应了母亲希望他继续读书的要求,这样一来,游行结束之后的这个秋天，罗斯福告别母亲和埃莉诺，来到哥伦比亚大学，他要在这所大学里，进修法律课程。

与此同时，罗斯福家族的朋友们都接到了"罗斯福订婚请柬"，请柬上清清楚楚地印着：来年春天，罗斯福将与埃莉诺举行盛大的婚礼。就这样，罗斯福与埃莉诺的心愿终于实现了。

名人励志传记丛书

第二章
结婚后的生活

一场不同寻常的婚礼

美国发生过很多不同寻常的事情，而富兰克林·罗斯福和埃莉诺·罗斯福的婚礼绝对算是一件。在美国，每一年的3月17日是爱尔兰裔人的传统节日——圣派克日，设立这一节日旨在纪念爱尔兰守护神圣派克。而1905年的圣派克日因为罗斯福和埃莉诺的婚礼而变得意义非凡，他们将在这一天举行婚礼。

兰若普·布朗担任这次婚礼的傧相，安迪考特·彼伯蒂则担任这次婚礼的证婚人。

婚礼的主婚人由罗斯福的远房堂哥泰迪·罗斯福总统（埃莉诺的伯父）担任，两人的婚礼庆典上，泰迪堂哥郑重其事地将新娘埃莉诺交到新郎罗斯福的手中。

因为有总统先生莅临婚礼现场，现场有很多警察、联邦调查人员、情报机构人员以及便衣，不论罗斯福总统走到哪里，他们必须随身保护他的安全。

罗斯福和埃莉诺深知两人的婚礼得到美国政府的全力保护，全都是因为总统的到来。因此，对于美国政府的付出，两人很是感谢。

早知道罗斯福总统会出席自己的婚礼，因此罗斯福和埃莉诺决定将两人的婚礼典礼选择在纽约市76街举行，在这条街上有两栋别墅连在了一起，于是罗斯福找到了这两栋别墅的主人——埃莉诺的表姐和表姐的母亲，说明来意后，他幸运地得到了主人的应允。别墅的两个餐厅都具有一个拉门，将门拉进去便可以扩展空间。

在婚礼上，新郎罗斯福和总统罗斯福分别站在新娘埃莉诺的两边，保护着她一起步入礼堂。一手挽着自己的先生、一手挽着伯父罗斯福总统的埃莉诺，身着外婆当初结婚时穿的白色缎子结婚礼服，婚纱尾部装饰有毛织花边。她脖子上戴着的珍珠短项链是罗斯福的母亲送给她的，这一身完美的衣服衬得埃莉诺非常华美。

婚礼的仪式在一栋别墅的大厅内举行，而婚礼现场的甜点则是摆放在另一栋别墅内。之间，罗斯福和埃莉诺交换了一个微笑，这个微笑蕴含着神秘的韵味，甜点招待也马上开始了。

美食、美酒送到现场宾客的手中之后，罗斯福和埃莉诺发现两人逐渐被现场宾客冷落了。此时的宾客都围绕在总统身边，都想从他那里打听到总统曾经在西部寸草不生的地方探险的故事。总统倒也讲得愉快，走到哪里都得到宾客们的喝彩声和掌声。

待现场的服务生将婚礼蛋糕推上来之后，罗斯福和埃莉诺共同切开美轮美奂的蛋糕，感谢现场所有来见证这场旷世婚礼宾客。不久之后，埃莉诺回到房间换了一身适合旅行的便装。一会儿，罗斯福和埃莉这对新晋的罗斯福夫妇就要前往海德公园共度为期一周的简短蜜月了。

为什么这个蜜月会这么简短呢？因为罗斯福向埃莉诺承诺：等到自己课程结束，马上去欧洲度一个真正的蜜月！

结束了简短蜜月之后，罗斯福夫妇回到了纽约，他们婚后住在位于西45街韦伯旅社的一间房子内，对于刚刚结婚的二人来说，这间屋子略显拥挤。而罗斯福的母亲萨拉·罗斯福则在他俩的附近——麦迪逊大道200号，租了一间房屋。

婚礼结束两个多月了，罗斯福在此期间仍然继续攻读自己的课程。6月份课程结束之后，罗斯福兑现承诺的时候到了。罗斯福夫妇便乘船到欧洲去开始了美好、浪漫的蜜月之旅！

这次真的不虚此行，只要罗斯福来到甲板上，双脚踏踏实实地踩在甲板上，便能感觉到生命的律动和自由。罗斯福略微抬起

头，海风迎面吹来，他觉得这才是生命的力量。在整个蜜月之旅中，大海都是风平浪静的，罗斯福和埃莉诺在船上时而靠在一起促膝长谈，时而在甲板上相拥。在这次浪漫的蜜月之旅之后，两人的感情加深了许多。

与罗斯福截然不同的是，埃莉诺的童年岁月和青春期不像他那样舒适，她以前的生活仿佛充斥在悲伤和难过之中。埃莉诺的母亲安娜·何尔非常漂亮，当然纽约望族何尔家族的所有女人都很漂亮。

因此，平凡的埃莉诺出生成人后，安娜对于这样的小女孩略显失望。而安娜本人并不是那种善于掩藏自己情绪的人，因为埃莉诺不是爱笑的女孩，安娜便叫埃莉诺"葛兰妮"。虽然埃莉诺深知母亲不是很喜欢自己，但听到母亲这样称呼自己，她依然有些不高兴。幸运的是，埃莉诺的父亲却非常疼爱她，经常在朋友面前夸她懂事。长此以往，埃莉诺在父亲那里得到了亲情的温暖。

在埃莉诺8岁的时候，弟弟艾略特罹患白喉，追随母亲去世了，这意味着自己的家将要土崩瓦解。还好，外婆收养了她和哥哥，她才得以长大。直到现在，埃莉诺依然记得自己被外婆带走的那一天，父亲那令人肝肠寸断的哭声，父亲对自己是多么的不舍啊！

为什么自己和哥哥要由外婆来抚养，这要从父亲的个性说起。埃莉诺的父亲是一个英俊的男人，性格爽朗，然而沉迷酒精，因此他并不能给两个孩子好的生活。

搬到外婆家之后，埃莉诺仍然热情地盼望着父亲能来到自己的身边生活，哪怕一天也好。夏天，埃莉诺和哥哥生活在哈德逊河附近的田佛利家，冬天则被接到纽约西37街的何尔家，因为这里更暖和，更适合冬天生活。

两年之后，一个消息使快10岁的埃莉诺异常难过——她热切思念的父亲也去世了。她不相信这是真的，她认为这是身边的人编造的消息，目的就是欺骗自己。渐渐地，埃莉诺把自己关在了一个想象中的自我世界。

当然，埃莉诺和罗斯福也是有相似经历的，埃莉诺父母也有很多亲戚。两人婚礼的证婚人——罗斯福总统是她父亲的哥哥，是她父母中引人注目的亲戚，这位总统先生一直和他们保持着紧密的联系。每当埃莉诺和哥哥来到罗斯福总统家里的时候，不论罗斯福总统在干什么，他总要来到马车前将埃莉诺和哥哥一个个地抱下马车，然后陪他们在海边玩，有时一陪就是一整天。

对于新晋的罗斯福夫妇——罗斯福和埃莉诺来说，婚礼只是标志着两人喜结连理，而真正的成人生活则是由蜜月开始的。现在的他们，可以根据各自的喜好来商量想要做什么、去哪里……在这段美好的岁月中，两人不必在意花费了多少。

但是，有两个工作是两人不能忘却的，那就是写信回家和蜜月归来拜访亲朋好友。两人到英国度蜜月的时候，埃莉诺特意探望了住在那里的旧同学，其中就包括她的好朋友珍·芮和她的母

亲。

在巴黎，罗斯福也有一位亲戚德拉诺住在那里，他带着妻子埃莉诺一同拜访了亲戚家，顺道观赏了极具巴黎特色的舞娘表演。在观赏的过程中，对于舞娘穿着过于暴露的服装，埃莉诺惊讶不已，罗斯福却大笑表示自己早已见怪不怪了。

结束了在法国的行程，两人来到了意大利。两人乘坐威尼斯独有的小船欣赏两岸的风光，十天稍纵即逝。接着，两人马不停蹄地去了奥地利和瑞士游玩，最后回到英国。

在不列颠群岛的时候，罗斯福和埃莉诺做了一件他们以前从未做过的事情，那就是穿越苏格兰旅行。这次横穿苏格兰的旅行不只给罗斯福和埃莉诺带来了前所未有的感觉，还使他俩日后的生活添加了一个可爱的小家伙——杜菲——条黑玉色的苏格兰小狗，要知道，这可是两人拥有的第一只苏格兰犬啊！

他们的蜜月之旅持续到9月份，之后两人带着那只杜菲快乐地回到纽约。在返回的路程中，埃莉诺感觉到了一些不舒服。罗斯福担心坏了，而恐怕埃莉诺本人都不知道这时她的肚子里已经有了他们的第一个孩子。

就在这对新晋的夫妇出去度蜜月的时候，他们的母亲萨拉也在忙碌着。首先，她在纽约市东36街125号为罗斯福夫妇租了一幢房屋，体贴的她还为这栋房子进行了装修，并且雇了足够的用人。而自己的住所距离这里也不远，这样一来他们便能经常走动了。

"哦，天哪！母亲，您对我们真好！"回到家里，看到自己的房屋，罗斯福感激地看向母亲。而埃莉诺则眼含泪水，感激萨拉的体贴。

罗斯福夫妇在新房安顿下来之后，罗斯福便回到了哥伦比亚大学攻读法律。而年纪尚轻的埃莉诺为了得到更多的帮助，越来越离不开她的婆婆萨拉。

令人欣喜的是，第二年的5月3日，罗斯福和埃莉诺的第一个孩子出生了，那是一个美丽的小公主。罗斯福夫妇决定用母亲的名字为这个孩子取名，因此他们的第一个孩子叫作安娜·埃莉诺·罗斯福。

在安娜诞生的第一年夏天，罗斯福夫妇带着小安娜到达坎伯贝乐度假，而母亲萨拉则照例去了欧洲度假。坎伯贝乐洋溢着浓厚的海洋气息，小安娜在这样的气候下玩耍，小脸红润极了。有时，罗斯福夫妇会带着安娜乘坐"半月二号"做短途旅行，小安娜一点也不哭闹，可爱得不得了！

与在纽约度过的第一个冬天类似，罗斯福一家在纽约度过第二个冬天之后，罗斯福读完了自己的法律课程，并且通过了律师资格考试。源于其优良的社会关系和个人能力，秋天过后他轻而易举地找到了一份还不错的工作，是在一家律师事务所做一名书记。工作地点离家也很近，就在澳尔街54号的卡特·赖雅及米伯恩律师事务所。

罗斯福本以为自己在学校学习的法律知识非常完善，直到工作之后，他才了解到想要从事法律工作，必须理论和实践相结合。这些在工作中所积累的宝贵经验，是不可能在学校学习得到的。罗斯福在这里学到的不只这些，虽然学历很高，再怎么说，他也是一位初来乍到的书记员，因此他必须打起十二分精神对待律师事务所的所有杂务。

他遇到来自社会各界的各色人等，其中有那些从未听说过"波塞林社"的人，有兜里哪怕只有15块钱也声称自己富有的人，有虽然只有一件像样的外套，搞不好也是从旧货店刚刚买来的人。这些有高有矮、有黑有白、有胖有瘦的人，都给了罗斯福从未有过的感受。

在工作的时候，不论大小，只要有一个案子使他触及了地方政治，那么他便能够对当地官员的腐败有更深一层的认识。

与海德公园和哈佛大学呈现的政治态势不同，纽约市的政治氛围永远使罗斯福呈现热血沸腾的感觉。他逐渐地感觉到自己所从事的工作与父亲在海德公园从事的那些社会工作，以及埃莉诺在纽约市所从事的公共服务工作都有一定的关联。

在刚刚结婚的几年里，埃莉诺怀孕、生产以及在家照顾孩子，鲜少投入精力和时间来从事社会工作。在1907年圣诞夜前夕，罗斯福刚刚参加工作不到一年的时间，即12月23日，罗斯福和

埃莉诺的第二个孩子出生了。这次出生的是一位英俊的小王子，这个男孩给罗斯福一家带来了更多的欢乐。罗斯福决定用自己父亲的名字为这个孩子命名，因此这个男孩也叫詹姆斯。

在刚刚来到这个世界的最初几个月里，詹姆斯身体羸弱，并不强壮。缘于此，罗斯福夫妇为了照顾孩子，取消了1908年春天和夏天的出游计划。而这个时候的萨拉也有自己的规划，她购置了位于曼哈顿东65街的一块地皮，在这块面积不小的地皮上分别盖了47号和49号房子，前者自己居住，后者自然是留给儿子一家四口居住了。

和在校期间一样，罗斯福非常热衷参与纽约市的各项活动，直到这一年的秋天，他们一家四口才搬至新居。迁至新居的喜悦，使罗斯福没有注意到一位女士料理家事的艰辛。

搬至新家安顿下来之后，某一天罗斯福走进卧室，意外地发现妻子埃莉诺正在哭泣。化妆台前的镜子中，妻子梨花带雨的模样让罗斯福心疼极了，他走到埃莉诺的身边，关心地询问道：

"亲爱的，你怎么了？发生了什么事情？"

"富兰克林，这是一栋并不属于我的房子，我不喜欢住在这里！"埃莉诺边抽泣边说，"你知道吗，这里的每一样东西都不合我的心意。"

"什么？"罗斯福在心中画了一个问号，虽然想一探究竟，但仍然调节自己的语气，以一种开玩笑的方式来安慰埃莉诺。他

名人励志传记丛书

知道埃莉诺是在发牢骚，她已再度怀孕，这个时候的她心态难免有所波动，因此罗斯福需要做的就是用爱和笑声让埃莉诺开心起来。

对于现在的生活，罗斯福非常满足。每天下班之后回到家里，不是陪伴两岁半的安娜玩耍，就是逗弄詹姆斯——希望他更像个男孩。有时候还会邀请朋友到家中用晚餐，然后第二天早上开始新的一天的工作。生活是这样的充实，还有什么不满足的呢？

在单位，仍然有人对他缺乏法律知识抱有微词，但参加工作短短一年的时间，罗斯福已经成为一颗法律界的新星了。

"我知道，我不可能永远从事法律行业！"他曾经这样对法律界的同事表示，"或许有一天我会成为总统也说不定哦！"每每说到这里，罗斯福总会换一种轻松而不经意的口吻，让大家以为这是一句玩笑话。只有罗斯福自己才知道，自己对泰迪堂哥有一种莫名的崇拜，他是真的希望有朝一日自己可以像堂哥那样——州议会议员、海军副部长、纽约州州长一步步地升迁，最后入驻白宫。

就在第二年的3月份，罗斯福和埃莉诺的第三个孩子降生了，他的名字跟罗斯福雷同，叫"小富兰克林·德拉诺·罗斯福"。这个孩子出生之后，全家都非常高兴，生活也一如往常的平静。1909年秋天，罗斯福家的三个孩子都患上流行性感冒。

经过了医生和用人一段时间的悉心照料，安娜和詹姆斯痊愈

了,只有最小的罗斯福因为才刚满8个月,残酷的病魔带走了他弱小的生命。

小罗斯福的父母难过极了,这个孩子还没有见识过这个世界呢,怎么可能就扔下父母双亲和哥哥姐姐离世呢?因为从未想过儿子会离开自己,罗斯福夫妇好长时间内还沉浸在丧子之痛当中。可是,罗斯福不得不面对这个现实,于是跟一些朋友一起将小罗斯福埋葬在距离海德公园不远的圣·詹姆斯教堂的墓地。这样一来,罗斯福夫妇便能随时来看望他。

儿子离开后不久,罗斯福便集中所有的精力专注在自己的事业中去,忙碌的工作使他逐渐从儿子离开的阴影中走了出来。就在1909年的冬天快要结束的时候,埃莉诺再一次怀孕,这使她和罗斯福宽慰了不少。

就在埃莉诺孕育她和罗斯福第四个孩子的时候,罗斯福的兴趣将他带到了另外一个领域。罗斯福在哈佛就读期间,他就展现出政治方面的过硬能力。即便他希望自己跟泰迪堂哥走一样的政治路线,但心中总是会有些许的忐忑。虽然心中有点儿不自信,但罗斯福仍然开始竞选公务员,希望能够成功。

就在小儿子去世的那个冬天,因工作原因,罗斯福与荷兰郡的民主党领袖有了一段有趣的对话。在对话过程中,对方话锋一转询问罗斯福:

"你是否愿意代表荷兰郡、普特南和哥伦比亚三个地区竞选

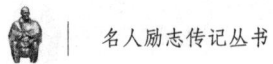 名人励志传记丛书

州议员啊？"

这个问题使得罗斯福非常震惊，要知道在共和党统辖的地区内，任何民主党所提名的人是没有机会进入到参议院的。换句话来说，即便罗斯福愿意，他成功的机会也非常渺茫。

尽管罗斯福知道自己不能取胜，但只要有提名的机会，那么他就要把这件事做到最好。只有这样，他才能步步为营，获得另外的提名。他突然想起，以前父亲曾经对他说过：

"如果一个人同时拥有财富、地位、能力，那么一旦有时间他就应该将自己的时间用于社会服务工作中去！"

虽然罗斯福家族的人都投身于不同的党派中，但彼此之间均是忠诚相待。罗斯福来到华盛顿，拜访泰迪堂哥的姐姐安泰·贝，希望从她那里了解如何看待自己去提名竞选的看法。从华盛顿回到纽约之后，罗斯福觉得自己不虚此行，因为他的堂哥堂姐都非常支持他。

就这样，罗斯福回到了哈德逊河谷底，他需要在这个地方将自己竞选的事情计划得绝对周详。回到海德公园的家里，罗斯福就看到母亲和两个孩子的笑脸，他开始思念远在纽约孤身一人待产的埃莉诺。1910年秋天，9月23日，埃莉诺在纽约产下一子——艾略特·罗斯福。

对于丈夫的竞选工作，埃莉诺非常支持。因此当她能够站立走动的时候，罗斯福的竞选活动便正式开始了。罗斯福的竞选方

式非常特别,那些圆滑的政客们非常惊讶他能有这样的创新,而选民们也呈现出惊奇的状态。

罗斯福租用了一辆麦克斯韦尔双缸旅行汽车,并且雇用了一位司机,然后跟其他的地方候选人一道前往荷兰郡、普特南和哥伦比亚这三个地方的每一个村庄进行竞选工作。

既然要竞选,那么罗斯福就要每天保持快乐的状态,同时他的这种乐观的情绪也在感染着身边的每个人以及那些选民。有罗斯福在的地方,就充满他爽朗的笑声。现在的罗斯福马上就要29岁了,英俊潇洒的他凭借着扎实的农业常识得到了选区农民的支持。

说起他的这些农业知识,全部要仰赖他的父亲詹姆斯·罗斯福。因为詹姆斯曾经就是这个地区的一名农场主,每当他在处理当地农作物的收获、销售以及环境保护等问题时,经常有穿着工装的农民前来围着聆听。

在一次政见发布会上,罗斯福上一再强调"我可不是泰迪·罗斯福",这时一个小男孩的童声响起:"我们知道你不是泰迪,因为你没有尖尖的牙齿啊!"

在另外一次与选民的见面会上,他说自己不是一个演说家,话音刚落,一个选民迅速发言说道:"罗斯福,你不必成为一位演说家,我们喜欢听你现在说话的方式!"

终于,在投票日即将到来的前夕,罗斯福在海德公园结束了自己的竞选活动。还记得刚刚投身竞选工作的时候，他还不是一个真正意义上的演说家。但随着投票日的脚步逐渐临近，现在的罗斯福已经俨然成为一名彻头彻尾的演说家。

选举的结果出来之后，无人不感觉到无比震惊。罗斯福的对手受到了来自他的重重一击，罗斯福不仅仅是领先自己的对手，差距还非常之大，这是任谁都始料未及的。罗斯福成为32年以来，第一位来自这个地区的民主党参议员。

埃莉诺准备搬至和自己的丈夫在爱伯尼所租住的那套房子去，而罗斯福则准备从工作的单位搬到参议院去。罗斯福的母亲萨拉来到他们身边，跟他们在一起住了几天，帮他们料理家事。

在母亲的帮助下，罗斯福夫妇安顿下来。爱伯尼的新居迎来了第一次社交活动，为富兰克林·罗斯福参议员举行元旦招待会。

冉冉升起的政坛新星

1910年元旦，招待会如期召开。新晋参议员罗斯福意气风发，穿梭在宾客当中。众位宾客都觉得罗斯福这张脸酷似伍德洛·威尔逊，罗斯福哈哈一笑，要知道那位威尔逊先生刚刚当选为新泽西州的州长。招待会持续了好几个小时才结束，罗斯福夫妇累坏了，但他们认为这都是值得的。

不久后的一天，罗斯福抓住了一个举世难得的机会，他可以领导纽约市坦慕尼派政策机构，这个机构拥有着强硬的实力。在

罗斯福刚刚上任不久，这个机构的前任领导人———一位共和党员任期结束，便有人提出由罗斯福接任这个机构的领导人。

那时候全国的州参议员均是由州议会选举而得的，而纽约州州议会大部分是由民主党党员构成的，因此毋庸置疑，下一位领导人必须是民主党党员。正是源于此，这是一个旷日持久的对抗，而这个对抗正是由农村和城市展开。即便如此，坦慕尼派则声援威廉·希汉，而罗斯福一方支持的则是希汉的对手爱德华·薛伯。

这一次对抗运动的结果自然是罗斯福取胜，他再一次用完美的招数赢得了更多的支持。他所隶属的党派认为他是一个具有政治涵养、有学识的人，而且是一个无所畏惧且勇往直前的人。

在坦慕尼派屈服前夕，州议会停了几个星期，在这期间选举出一位仲裁代表。富兰克林·罗斯福的名字自然再一次出现在全国的电视和报纸上，要知道纽约州所发生的事情一直得到全国各地政客的关注。虽然罗斯福在这一次战役中取得了胜利，但这都是暂时的。即便如此，这个小小的胜利还是巩固了他的州参议员的地位。有了这个政绩，罗斯福便投身到保护哈德逊河域的树林的工作当中去了。

哈德逊河域，凝聚了罗斯福童年的所有美好回忆。小时候的他便在这里打猎、爬树、做树屋。这些年来，随着砍伐的日益加重，自然环境渐渐失衡，造成土壤干涸、降雨减少的现象。如果木材加工者盲目砍伐，受伤害的一定是当地的百姓。他可不想自己从

名人励志传记丛书

小生长的地方变成一片荒漠。

罗斯福工作期间,他的秘书帮他处理来自社会各界的信件,因为他非常重视与美国各个地区乃至国外人民的联络。他十分重视自己的关系网络,无论是国内的贵族还是国外的亲戚。与此同时,他还联合两位曾经的工作伙伴成立了一家名叫"马因·胡克及罗斯福"的律师事务所。

他个人的工作非常充实,连带着家里人也形成了非常忙碌的状态,尤其是在爱伯尼的家,举行会议这类的社交活动常年发生。因为房屋足够大,因此剩余的卧室便被提供给从其他地方来的访客居住。

埃莉诺十分享受现在的生活,这一点罗斯福非常清楚。他深知自己的太太对于类似的社交活动非常感兴趣,而且以前有过类似的工作经历。而另一边,自己的母亲萨拉已经返回纽约,没有长辈在身边,两人的生活自然会少一些约束。

这一年,是罗斯福和埃莉诺结婚的第六年,也是埃莉诺第一次亲手料理家事。她曾经直白地告诉罗斯福:"亲爱的,你知道我非常好客,也喜欢为那些委员们准备甜点。"

是的,罗斯福注意到,埃莉诺正在用自己的做法来完成这些事务。她从这些事情中得到了更多的自信,罗斯福乐于见到现在的埃莉诺——充满信心,周身洋溢着欢乐。

同样地,罗斯福也深深地爱着这个给予他力量的家庭,他愈发地发现自己不能离开家里的任何一个人，无论是爱人埃莉诺，还是任何一个孩子——安娜、詹姆斯或艾略特。他能从每一个家人身上得到无限的关怀和爱，这些爱促使他越来越有力量。这种力量在他的政治生涯起到了非常大的作用，因为只有一个幸福的家，他才可以充分发挥自己最大的潜能和天赋，投身到自己最热爱的政治当中。

第二年，在新泽西州，威尔逊独到的政治见解得到了最大的支持。也正是在这个时候，很多人认为威尔逊是总统的大热人选。在威尔逊被选为新泽西州长之后，罗斯福立刻成立了拥护威尔逊总统的俱乐部。

很多人都知道，罗斯福热爱历史，伍德洛·威尔逊所著的五册《美国史》和很多短文，他都能倒背如流。从威尔逊的作品中，罗斯福了解到他一定是一个博学的人，要不然写不出那样恢宏的作品。此外，行政首长的职责和能力在他身上表现得淋漓尽致。源于这些，罗斯福决定去拜访威尔逊。当年的冬天，罗斯福踏上前往新泽西州的火车，去拜访威尔逊州长。

三十年的历练，罗斯福是一个见过大场面的人，无论身处何种境地，他都能泰然处之；无论碰到多么高贵的大人物，他都能与之交谈。令他想不到的是，刚刚踏入威尔逊办公室的时候，他的心中燃起了一股自卑之火。这是为什么？

和罗斯福这个年轻人在一起的时候，那位普林斯顿的前任校长没有任何局促的感觉，反而非常有主见地坚持自我。

威尔逊州长的办公室有一张桃心木书桌，后面是一个摆满各种皮革装订书籍的大书架，威尔逊州长坐在书桌的后面、书架的前面，优雅地向罗斯福叙述着自己的信仰。在见到威尔逊州长之前，罗斯福从没有遇到过这样会遣词造句的人。

当时威尔逊州长55岁，偏瘦的体型使他看起来更年轻一些，无框眼镜背后投射出的是一种钢一样的眼光，脸上那突出的颧骨像是两块铁，精神矍铄，措辞美妙。

在他的办公室中，威尔逊州长并不认为自己是这里的管事的，反而谦虚地自称为"仆人"。为了衬托自己的身份，他并不喜欢微笑。在与罗斯福交谈的整个过程中，"自由"是出现频率最多的词汇，威尔逊州长赋予它更广阔的含义。

新自由、从少数人的手里解放整个美国、将权力交还到人民的手中……这是威尔逊州长多次强调的字眼和话语。

"美国是一个年轻的国家，现在每一个国家都在盯着这个年轻的国家，而我们必须做一些令我们民众骄傲的事情，这样我们才能强大起来……

"但是，是什么促使我们强大呢？是我们的人民不辞辛苦的劳作，这才是我们国家伟大的光荣……

"没有人关心我们国家的伟大领袖有何种出身，是什么种族，只要能让我们国家强大起来，那就是我们国家的伟大的领袖。"

罗斯福回到纽约的路上,总是在回想威尔逊州长说的这样一句话,他说:"美国是国际大家庭的一分子,因此我们应该壮大才能得到更多的信赖!"

是的,正是这一句话感染了罗斯福。他认为,单单凭这样一种思想,威尔逊必然有着成为伟大领袖的潜能,他渴望世界和平,不希望战争再出现在地球的任何角落,他也一定会为了自己的理想而献身。

回到纽约,罗斯福马上向各个党派的领袖表示:"威尔逊是民主党总统候选人的不二人选!"他的这个观点,也得到了很多人士的同意和支持。

随即,拥护威尔逊成为总统的运动开始在全国展开。威尔逊本人选择在国内对选民发表演说,罗斯福则和一些同仁成立威尔逊竞选联合会,将那些来参加全国民主党代表大会的代表拉拢到支持威尔逊的阵营中来。

不久之后,一个偶然的机会,罗斯福得知坦慕尼派反对威尔逊,虽然上一次他本人在与坦慕尼派的争论中略胜一筹,但没想到坦慕尼派现在的力量已经足以左右整个纽约州民主党的选举方向。

1912年6月的一天,巴尔的摩召开了民主党全国代表大会,会议上纽约州代表宣誓,称自己愿意支持俄亥俄州的州长得森·哈门。就在代表大会的前夕,威尔逊的支持率屡屡下滑,这可不是一个好兆头。

尽管如此，罗斯福依旧全力投身到支持威尔逊的运动中去，这时的他和埃莉诺租住在巴尔的摩的一栋房子内，以便他了解当时的情势，并且制订周密的计划。

没想到，就在他为威尔逊竞选总统的事情忙得焦头烂额的时候，他本人却成了焦点人物。究其原因，是因为他作为威尔逊的一个帅气、有能力的支持者，光凭借这一点，他就不能逃离公众的视野。

当得知纽约一些独立派报社的编辑记者们得不到新闻区的门票时，罗斯福便找到这个地区的负责人约瑟夫斯·丹尼尔斯，希望他可以帮助自己解决这个问题。最后的结果当然是双赢，罗斯福不但帮助那些记者进入到了新闻区，还与丹尼尔斯先生结下了深厚的友谊。

约瑟夫斯·丹尼尔斯和罗斯福是名副其实的忘年交，他比罗斯福年长二十岁，来自北卡罗来纳州，是一位国家委员，在《罗利新闻及观察室》任编辑一职。最重要的，他也一直支持威尔逊。他也非常看好罗斯福，因为在罗斯福的身上，他看到了活力、积极和无所畏惧的冲劲。6月末，大会紧密的议程还是使两人聚在了一起。

巴尔的摩的6月溽热难当，会议厅里聚集着近百位代表，他们当中有一些人在抽烟，因此室内的空气混浊不堪。此时的罗斯

福却有很高的兴致,每当有会议他的精气神就要高出百倍。他的眼中闪烁着胜利的光芒,因为他知道威尔逊一定会当选。

这一年是民主党赢得大选的一年,就在一周前,在芝加哥柯立仁代表大会上,共和党分裂了,这个消息无疑给罗斯福打了一剂强心针。

6月24日,周一,会议正式召开。罗斯福对于能否顺利突围尚不得知,但他一定要全力以赴。他知道参加这次竞选的总共有八位候选人,分别是:亚拉巴马州参议员奥斯卡·恩特华、密苏里州众议院院长川普·克拉克……当每一个候选人的名字响起的时候,会议大厅都会响起掌声和喝彩的声音。会议已经持续到凌晨两点,威尔逊的名字才从新泽西州开姆丹的约翰·为斯考特口中发出。

在那个周五,大会举行了第一次投票,结果显示:

克拉克:440.5票;

威尔逊:324票;

哈门:148票;

恩特华:117.5票;

……

显然,这场竞选的获胜者必然是在克拉克和威尔逊之间产生,除非两人中的任何一人能够得到三分之二的票数,否则这场竞选将持续下去。

九次唱票结束了，仍然没有结果。令罗斯福想不到的是，坦慕尼派竟然教唆纽约州代表的发言人将一摞选票投给了克拉克，这可怎么办啊？

想要扭转局势，罗斯福必须联合其他威尔逊的支持者，发挥各自的政治才能。此时的威尔逊正在新泽西州等候消息，得知这个结果的他本想撤销提名，但被身边的助选员拦住了。

通过罗斯福和很多助选员的努力，竞选的天平渐渐向威尔逊那一方倾斜。对于坦慕尼派的做法，其他州的代表们表示生气。唱票又在持续，第15轮唱票结束之后，克拉克终于落后威尔逊。第26次唱票结束后，克拉克得到了463票，威尔逊得到了407票。

看到如此的竞选情势，许多其他州的参选人员都纷纷退出了竞选。只有坦慕尼派的人员和威尔逊的助选员依旧穿梭在走廊和代表中间，他们在进行着快速且激烈的谈话。

竞选持续了一周的时间，7月2日是一个周二，威尔逊终于领先于克拉克。第42次投票结果显示：威尔逊494票，克拉克420票。

领先74票的好成绩，令在场的威尔逊支持者欣喜若狂。也是自这次投票之后，很多州的代表团都开始支持威尔逊。到第46次投票之后，威尔逊拥有990票的支持——他成为民主党总统候选人。

像每一个威尔逊的助选员一样，罗斯福已经筋疲力尽了。在

整个竞选期间，他们没有吃过一顿好饭、睡过一个好觉。会议一结束，罗斯福首先将"威尔逊当选"的好消息发了一封电报给埃莉诺，接着便跳上了坎伯贝乐的码头回家。当怀抱着安娜和詹姆斯的时候，罗斯福的脸上泛着红晕，接着将2岁的艾略特扛起来，踱步走进家门。

这一年11月，罗斯福再次参加州议员竞选，他说这次竞选要像第一次那样投入，因为他所做的每件事都会影响到民主党的提名。得知这个消息的埃莉诺，首先劝慰丈夫要保证睡眠。

回到海德公园之后，本想马上投入到工作中的罗斯福感觉自己有点不舒服，当天晚上他便开始发起高烧，病情持续到第二天。面对这样的病情，医生也说不出是什么病症。几天之后，罗斯福被诊断是"伤寒症"。埃莉诺不辞辛苦地照料丈夫，遗憾的是最后她也被传染。得知儿子和儿媳都身染重病，萨拉立刻回到海德公园照顾他俩。

幸运的是，埃莉诺康复得很快，但罗斯福还依旧病着。连床都起不来，何况是竞选的工作。因为病情严重，他开始焦虑起来。也正是在罗斯福生病的这一年，进步党从共和党中分裂，成为美国的第三个党派，他们提名西奥多·罗斯福（泰迪堂哥）成为党派候选人。因此在1913年1月份的总统大选中，出现了三个主要候选人。

仿佛是一场命运的考验，而罗斯福不得不接受这场被动的考验。

"亲爱的,"他轻轻地唤着妻子说道,"埃莉诺,你还记得那个发行爱伯尼报纸的路易斯·何威吗?"

"就是那个个子不高的人吧?"埃莉诺反问丈夫。

"对,他个子不高还喜欢抽烟。就是他上次见面的时候,说支持我参选议员的。我想向他求助,让他帮我开展社会活动。"

"他能够替你冒险?"埃莉诺有些担心。要知道,经常有一些报社的人支持了某个机构而被牵连破产。

幸运的是,何威答应了罗斯福的求助,他说他看中的正是罗斯福这个人,两人是值得彼此信任的莫逆之交。何威不负众望,将罗斯福的竞选工作安排得井井有条。罗斯福再一次当选州议员,而威尔逊也击败了西奥多·罗斯福,当选总统。还有一件值得罗斯福高兴的事,他在葛罗顿的同学兰若普·布朗也顺利选入国会。再一次当选州议员,罗斯福的伤寒症便不治而愈,没有人知道这是为什么。

1913年的3月,罗斯福来到华盛顿参加威尔逊总统的就职典礼,当他经过威勒旅馆的大厅的时候,远远地看到了约瑟夫斯·丹尼尔斯,他疾步上前抓住了丹尼尔斯的手。

"听说你现在是海军部长了,恭喜你啊!"罗斯福真心为丹尼尔斯高兴,要知道除了他没人能胜任这个职位。

"罗斯福,你愿意到华盛顿来帮助我吗?"丹尼尔斯的问题令罗斯福陷入了疑问当中。

"什么意思？"他说出了自己的疑问。

"过来当海军部副部长吧！"丹尼尔斯的这个回答着实令罗斯福大吃一惊。

"当然！"几乎是没有任何思索的过程，罗斯福大声说道，"这个职位是我一直梦寐以求的，没有什么比这个邀约更让我兴奋了。"

在丹尼尔斯就这个问题向威尔逊总统请示的时候，不出所有人的意料，总统也应允了。就这样，罗斯福成为美国海军部的副部长。十几年前，这个职务由他的泰迪堂哥担任。

出任重要职位

罗斯福的任命通知在1913年3月由总统签署，接到通知后的罗斯福马上前往华盛顿就职。令罗斯福意想不到的是，收到的第一封贺信竟然来自泰迪堂哥：

> 恭喜你，我的堂弟，被任命为海军部副部长。你知道我以前也曾坐过这个位子，我相信你一定能在这个位子上做出一番漂亮的成绩！

将家迁至华盛顿之后，罗斯福成功地在美国的首都有了一个家。罗斯福正式就职之后，埃莉诺开始拜访国会议员和法官们，有的时候还要在家里招待那些同样为美国海军效力的军官太太们。逐渐地，埃莉诺距离政治圈更近了。

跟罗斯福一样搬至华盛顿的还有兰若普·布朗，两人从葛罗顿到哈佛再到华盛顿，真是越来越近啊！

在海军部副部长这个职位上，罗斯福贡献了自己超凡的政治能力和智慧。他每天要出席各种会议，并且要接受总统的召见来商量国家的事情。避免不了的还有，副部长需要处理非常多的案牍工作。

当然，精力旺盛的罗斯福并不想让自己的时间全部铺在这个狭窄的范畴之内。他想完完全全地熟悉整个造船行业。尽管海军部为他任命了秘书，但他知道没有比路易斯·何威更适合这个职位的人了。于是他修书一封给路易斯，希望他过来帮忙。

收到罗斯福的信之后，没有多想，路易斯·何威便带着妻儿来到华盛顿，他深知罗斯福有成为总统的潜质，因此他也乐于辅佐他。为了成为称职的海军部副部长，罗斯福来到海军基地视察，和那些老海军们成为很要好的朋友。

为了扩充美国的海军规模，罗斯福有些冒进，他的这些冒进举动遭到了政府和同僚们的反对。虽然他不是骄傲的人，但这个时候罗斯福略有些膨胀，甚至觉得自己的顶头上司——丹尼尔斯部长目光短浅。最后还是一个要好的朋友，斥责并说服了他，他

才认识到自己的错误。

任职海军副部长一年多的时间之后，罗斯福没有跟包括埃莉诺在内的任何人商量，便决定要竞选全国的参议员。这时，他的上司丹尼尔斯部长和秘书兼朋友路易斯·何威都觉得现在的他不适合竞选，他仍然一意孤行，扬言要参加1914年9月份举行的民主党预选会。针对罗斯福的决定，老练的坦慕尼派想出了一个妙招来对付。他们在本派中找到一个优秀且极具人气的候选人来抗衡富兰克林·罗斯福。

正在坎伯贝乐避暑的罗斯福一家享受着难得的欢乐，忽然罗斯福略带忧愁地向埃莉诺说道：

"亲爱的，丹尼尔斯和路易斯他们都觉得我疯了，可我不觉得啊！为了我心中的理想，我愿意奋斗，这难道有错吗？"

面对罗斯福的执拗，埃莉诺不置可否。那一年夏天，罗斯福的政治忧愁被家庭危机所取代。8月末，将生下第五个孩子的埃莉诺，不知道为什非常紧张。罗斯福夫妇计划邀请那位为埃莉诺接生过四次的老医生从纽约来华盛顿为埃莉诺接生。但忙中出错的埃莉诺算错了自己预产期，8月16日的凌晨时分，埃莉诺感觉到肚子传来了阵痛，看来孩子马上就要出世了，却没有医生，这可怎么办是好？

就在这时，罗斯福赶紧抓起一件外套，边穿边向外跑去。经过一番周折，找到了一位他们以前当医生的朋友——贝那。

面对难产的埃莉诺,贝那医生也没有别的办法,只能按照生产的流程帮助埃莉诺接生。产痛持续到第二天全天,贝那从未离开埃莉诺身旁半分。到了17日傍晚,埃莉诺诞下了一个男婴,罗斯福夫妇决定叫他"小富兰克林·罗斯福",是的,跟那个夭折的儿子同名。

政治和家庭的双重压力压得罗斯福喘不过气来,他的自负也在这种压力下荡然无存。随着时间的流逝,皱纹爬上了罗斯福那原本英俊的脸庞。他将妻子和孩子们全部托付给母亲萨拉,又毅然决然地奔赴纽约,去参加9月的预选。

尽管心中有一个声音在告诉他:你不会赢!但他仍然全力以赴,结果可想而知,因为没有和身边的支持者商量,最后他只能接受失败的结果。

现在的罗斯福夫妇可以说幸福得不得了,他们共同照顾三个儿子和一个女儿。有的时候看着他们在院子里玩耍,罗斯福会思考,也不知道以后他的孩子会不会死于战争。

这种悲观的状态持续到罗斯福回到华盛顿,他仿佛少了曾经的意气风发。不过至少他正在盼望着秋天快点儿到来,因为秋天来了,埃莉诺也会来到他的身边,他愿意跟她聊天,不知道为什么,埃莉诺的话总是能给予他鼓励。

受到战争的影响,罗斯福更加坚定地认为应该扩充美国海军的实力,因此他开始向自己的顶头上司丹尼尔斯部长施压。

就在1915年的5月7日，一艘德国潜水艇将一艘没有任何武装力量的英国客轮击沉，死伤1300多人。据悉，船上有将近一半的美国人。为此，美国国民的情绪无限高涨。为了安抚美国民众的波动情绪，威尔逊总统警告德国政府：停止对没有武装的船只进行伤害，否则承担一切后果。

罗斯福非常认同威尔逊总统的这个行为，并且修书一封表示赞赏：

> 尊敬的威尔逊总统，这些日子以来我一直铭记您肩上所扛负的使命！我深深地感受到，民众对您的支持！

而威尔逊总统的回信只有一句话："您的来信，让我坚信我的所作所为是值得的！"

毋庸置疑，这段日子，是国内最危险的一段日子。对于威尔逊总统的献身精神，罗斯福愈加欣赏，并且敬佩至极。当然，他并不希望类似的事情还会发生。

跟许多官员一样，罗斯福也留在华盛顿度过这个危险的夏天。他和身处坎伯贝乐的家人唯一的联系方式只有书信。日子仿佛恢复了风平浪静，可是7月1日的上午，罗斯福是疼醒的，他起身后感觉胃如刀绞、额头滚烫，他不知道自己是怎么了。只能找来了仆人，他昏迷了。再醒来后，他发现自己已经躺在了一家医院的手术室内，医生要为他切除盲肠。

对于罗斯福这样一位精力旺盛，且非常珍视时间的人来说，恢复的过程非常漫长。因此整个 7 月他都在坎伯贝乐陪伴家人，8 月初才匆匆返回华盛顿。

罗斯福回到华盛顿之后的第一件事，就是给埃莉诺写信报告平安：

虽然 8 月的华盛顿非常炎热，好在一切顺利！

突然，罗斯福笔锋一转，继续写道：

亲爱的，帮我亲亲我们的孩子们，告诉他们我非常爱他们，并且思念他们。

两天之后，他又给埃莉诺写了一封信：

虽然海军部有一堆工作等着我去处理，但是我非常平静。

一周内的某一天，在给埃莉诺的信上，罗斯福写道：

亲爱的，你一定不知道我现在在哪里。埃莉诺，昨天下午我来到了麦古汉尼的家里。埃莉诺，你知道雪维·契斯的天气有多寒冷吗？我要在这里住上三晚，可怕的三个晚上，我心里在想，不知道会不会被冻坏！

雪维·契斯与马里兰州接壤，每次来到这里拜访友人，罗斯福都要在这里玩几局高尔夫球。

海军部看似度过两个平静的冬季，可实际上世界的局势逐渐升温。美国海军部的部长和副部长每天都在开会，会议主要以增强美国海军力量为主题。会议进行中，罗斯福的喉咙却发炎了，肯定是过分劳累的工作导致的。

没有办法，罗斯福只有前往大西洋城进行休养。这次照料他的是他的母亲萨拉·罗斯福，埃莉诺则留在华盛顿的家里待产。1916年3月13日，她和罗斯福的第六个孩子约翰·阿斯平沃尔·罗斯福顺利出世。

1916年的春天，除了战争给美国的民众带来的恐惧之外，还有另外一种恐惧——小儿麻痹病卷着美国全国。虽然以前也有美国的小孩患过此病，但1916年的夏天，美国爆发了有史以来规模最大的、可怕的小儿麻痹病患潮。

初期只是在布鲁克林发现了一例病症，后来逐渐地蔓延到整个纽约地区，接着跨过长岛，大西洋的一些地区的小孩子染上了

这个可怕的疾病。

没有人知道那是什么病、是如何蔓延的以及怎样医治，但美国民众都知道这种病传染性很强。这种病多发于16岁以下的孩子当中，5岁以下罹患此病的人数占到患病总人数的75%。很多当地的百姓都想要逃到其他地区，却被当地的警察阻止了。医院的医生和护士只能眼睁睁地看着那些罹患此病的孩子离世，却爱莫能助。

当年的7月下旬，罗斯福告诉埃莉诺，自己将离开他们去华盛顿帮助威尔逊总统连任。8月，小儿麻痹感染数量不断攀升，罗斯福要求埃莉诺和孩子们留在坎伯贝乐哪里也不要去。

从9月到冬天，埃莉诺一直带着孩子在坎伯贝乐岛待着。10月，埃莉诺将孩子交给了自己的祖母和保姆，然后便和罗斯福回到了华盛顿。

对于他们来说，总统竞选就像是一场战争。经过一番努力，竞选的结果公布——威尔逊连任。而此时的世界局势更加紧张了，尽管威尔逊总统非常有能力，但他确实一个理想主义者。他的理念是创造一个国际联盟，倡导和平。

第二年的2月，德国政府不顾各国外交家的努力，还在施行暴力行为，对其他国家的侵略并没有停止，因此美国政府断绝和德国一切的外交关系。面对德国的一再挑衅，威尔逊总统不得不请求国会宣战。罗斯福和埃莉诺都在现场，被总统的宣战檄文深深感动。

美国海军立刻行动，罗斯福要制定重要的战略。在战争期间，埃莉诺参加了红十字妇女供食队，罗斯福则投身到一项考验人耐力的工作当中去。

1917年年底，罗斯福的心中正在酝酿一个更具野心的想法，他想参军。兰若普·布朗成为一名坦克部队的士兵，而罗斯福很多哈佛的同学也都身披戎装，来到战场。当海军部长丹尼尔斯得知罗斯福的想法时，第一个提出了反对票。他认为罗斯福去战场无异于大材小用，于是罗斯福才作罢。

虽然罗斯福对战场有一种执念，但他身边的很多伙伴都希望他能竞选纽约州的州长，只有在政治舞台上，罗斯福才能大放异彩。但是，无论面对谁的游说，罗斯福都表示了拒绝。

罗斯福实在太了解威尔逊总统的政治主张了，他的心里也非常清楚，威尔逊总统希望世界能得到长久的和平。

1918年的元旦刚刚过去，威尔逊总统便向国会提出《十四点和平计划》，他的战略思想和计划都体现在这个计划当中。《十四点和平计划》包括：扫除经济障碍、保证海上的和平、杜绝一切形式的秘密外交……在《十四点和平计划》中最为重要的最后一点是：成立国际联盟，以此保障各国的领土完整和政治独立。

同一年的夏天，被派往国外检阅美国海军的战略地区时，罗斯福才了解到真正的战场是一番什么景象。在日记中，他写道：

只有在这里，我才觉得自己和战争更为亲近。这支舰队已经损失1300多人了，我为他们感到难过。

随着了解的加深，罗斯福意识到了战争的残酷，他的日记中记述着：

我今天路过一块旷野，上面立着很多十字架，显然这是战争造成的。

在前线，罗斯福看到的都是满目疮痍，他现在终于理解了威尔逊总统在宣战的时候满脸的痛苦。现在的他才真正理解，威尔逊总统所提倡的"世界和平"。他的心中抑郁难抒，难道饿殍遍野才是文明社会解决纷争的代价吗？

第三章
一场突如其来的灾难

不幸患上小儿麻痹

在法国白瑞斯特港口登船准备返回美国的罗斯福有些不舒服,摸摸额头才发现自己发烧了,他并没有在意。但是晚些时候,关节也疼痛起来。而且船上的大多数人都与他有同样的感觉,经过医生的一番诊治,原来他们在欧洲的这段时间感染上了当地的流行性感冒。

他们并不知道的是,在他们抵达纽约之前,已经有很多人因为感染这个感冒而去世了。回到纽约之后,罗斯福的病情急转直下,已经转变成肺炎。接到电报的埃莉诺,带着一辆救护车和一些医生在码头上等候。回到纽约的罗斯福一直在纽约静养,这是

他生命中最漫长的一段日子。

当得知华盛顿方面有多么急切地需要他的时候，罗斯福更加着急起来。"塞翁失马，焉知非福"，患病的这段时间无疑是他与家人关系最为紧密的一段时间。一家七口被国家大事阻挡，太久没有团聚了。借此机会，他们拉近了彼此之间的距离。

已经12岁的安娜养了一只叫作酋长的警犬，父亲生病，安娜终于可以和父亲好好聊聊天了。罗斯福的儿子们则纷纷拿出自己的船模争先恐后地给父亲展示，还有像罗斯福小时候一样搜集的一些动物标本。看着孩子们天真的笑脸，罗斯福承诺：只要恢复健康，便会带着孩子们到他小时候经常散步的树林里溜达。

孩子们纷纷进入梦乡之后，罗斯福和埃莉诺才真正地静下心来探讨对孩子们未来的规划，尤其是教育问题。对于现在在纽约市一家私立学校就读的安娜，罗斯福夫妇希望她在结婚前去康尔乃农学校学习几个月。

而对于那些男孩子来说，最好的安排自然是葛罗顿学校了，罗斯福夫妇早就准备好他们的申请书了。1920年的秋天，詹姆斯成为又一个走进葛罗顿的"罗斯福"先生。

除了孩子们的教育问题，还有一个问题，罗斯福第一次跟埃莉诺探讨：

"亲爱的，等我恢复健康之后，我想去从军，你支持我吗？"

埃莉诺当时并没有回答罗斯福这个问题，而命运似乎给他一个不可逆转的答复。罗斯福身体好转之后，罗斯福一家回到了华盛顿。流行性感冒又在这个家庭里猖獗地肆虐着，罗斯福本人、孩子们以及几个仆人纷纷感染上了。

通过这些年的历练，埃莉诺的能力得到了提升，仅仅依仗一名护士的帮忙，她便照顾了整个罗斯福大家庭，并且继续从事红十字会的工作。尽管罗斯福有着一颗向往战场的心，世界的趋势却将他阻挡在战争之外。

1918年的11月11日，第一次世界大战结束。第二年春天奥匈帝国土崩瓦解，9月土耳其和保加利亚纷纷投降，连强硬的德国也宣布和同盟国停战。此时的美国终于可以出来平息战争了。

12月初，伍德洛·威尔逊总统出席巴黎和谈会议，希望可以真正地为全世界带来和平。次年的1月中旬，罗斯福也踏上前往巴黎的旅程，作为海军部副部长的他必须肩负起遣散海军人员以及监督海军物资的工作。

当罗斯福和埃莉诺享受旅途带来的快乐之际，一个噩耗传来——泰迪·罗斯福去世了。罗斯福夫妇马上调转方向，去巴黎看望了泰迪的两个儿子。

在接下来的社交活动中，罗斯福夫妇接二连三地认识了许多巴黎的要人和成功人士。各国元首和谈的消息陆陆续续地传到了他们的耳朵里，从传闻来推断，似乎和谈的工作进行得不是很顺利啊。

　　为了自己一贯主张的成立国际联盟，威尔逊一直在据理力争。但他并不了解，围坐在这个谈判桌上的其余国家的领导人，都试图在这次和谈中得到利益，他们正在试图以分割德国领土的方法来惩罚德国。

　　面对其他国家领导人的想法，威尔逊总统简直是痛心疾首。不过在和谈的最后，他所提倡的却得到了其他国家元首的认可。和谈的尾声，《凡尔赛条约》的签订，昭示着国际联盟的确立。

　　结束了两人的工作，罗斯福夫妇和威尔逊夫妇一同回到了美国。一天，在两个家庭共用午膳时，威尔逊总统又畅谈了他一生的政治理想：

　　"在这次战争中，只有美国是没有任何私欲的国家。所以我才提倡国际联盟，并且加入其中，否则全世界将变成尸体的海洋。"

　　当轮船驶进波士顿码头的时候，看着岸边欢迎威尔逊总统的热烈阵仗，罗斯福夫妇仿佛看见了希望。他们乘坐的车子追随总统的座驾，在街道密密麻麻的人群中穿梭。这一幕幕，给罗斯福夫妇带来了曙光。

　　不过，好景不长，罗斯福夫妇回家不久便听到了其他的声音——当时有一种风潮，非常反对美国加入到欧洲国家的阵营当中去。面对这种舆论导向，威尔逊总统不得不到各地去演讲，宣扬国际联盟的好处及意义。与此同时，罗斯福也在做着与总统类似的事情，但仍旧不能平息那股风潮。

对于国内反对他的想法的行径，威尔逊总统非常伤心。这一年的9月末，罗斯福夫妇便收到消息：在结束科罗拉多州的演说之后，威尔逊总统晕倒了。回到华盛顿经过医生诊治，最后诊断为血栓，更加不幸的是，总统整个左边的身体全部麻痹。

"由总统所率领的党派去继续总统未完成的使命吧！"这是罗斯福的意见，他的想法得到了大部分人的赞同。

1918年的选举大会马上开始，由于总统患病，民主党在两院中失去了话语权。两年后的总统大选即将召开，全国民众的情绪逐渐倾向共和党。

1920年6月，全国代表大会召开前夕，共和党的裂痕已经得到了修复，共和党的党员们在芝加哥举行了一次集会，正式提名来自俄亥俄州的参议院华伦·哈定参加竞选工作。

而此时的罗斯福正在前往民主党全国代表大会的路上，他希望尽自己全部的力量去促进国际联盟的主张成为党章中的一部分。他更希望，来自纽约州的州长阿佛烈·史密斯能够成为民主党总统候选人。

与罗斯福的身世截然相反，阿佛烈·史密斯这个人生长在纽约州的一个贫民窟里。罗斯福和埃莉诺也曾经造访过在那个贫民窟生活的很多的爱尔兰家庭，阿佛烈·史密斯就是其中的一个，史密斯20岁的那一年，他的父亲便去世了。

没有办法，史密斯只能选择辍学，出来打工。他的工作是以

日来计算薪酬的，不是很稳定。比较幸运的是，史密斯的母亲在一家雨伞厂打工，相对于史密斯还算稳定。

再往后，史密斯每天都会在一家当地的鱼菜市场打工，每天工作长达12个小时。就这样，打工仅仅一年的时间，史密斯已经读懂人情世故，变得非常圆滑。在当地的政治舞台上极为活跃，通过非常艰难的手段，史密斯进入到当地的政府机构，步步为营地认识政府要员。

罗斯福主张史密斯获得提名，正是源于他在做纽约州州议员的时候，所见到的纽约州州长史密斯强大的改革能力。他相信一旦史密斯当选总统，一定会推动美国的改革工作。

抵达旧金山之后，罗斯福见识了一些混乱的演讲。之后，到了提名的时候，按照姓名字母的排列，提名阿佛烈·史密斯的罗斯福需要等一段时间。

第一次投票的时候，共有二十二位候选人，但罗斯福认为真正具备竞选实力的只有四个：威尔逊总统的女婿——来自加州的威廉·麦卡杜、来自宾州的米契尔·帕摩、俄亥俄州州长詹姆斯·考克斯以及他所提名的阿佛烈·史密斯。

按照竞选的流程，接下来将是几番投票的过程。期间，那些实力相对薄弱的竞争者相继败北，最后的胜利者将在麦卡杜和考克斯之间角逐。经过了42轮的投票，最终考克斯暂时胜利。

就在各方势力势均力敌的时候，居然有人提名罗斯福参加竞选。对于这个半路杀出的论调，罗斯福感到非常奇怪。最终的结果却是，大家纷纷退出了竞选，罗斯福成功被提名。

在职八年的罗斯福已经成为一位老练的政治家了，他接受提名的演说激发了在场所有人的热情。而阿佛烈·史密斯所做的附议演说，也起到缓和其与坦慕尼派关系的作用。

罗斯福和考克斯合作得天衣无缝，令两人感到震惊的是，他们俩都认为想要成功竞选，必须谒见总统。来到威尔逊总统的病榻前的时候，罗斯福双眼噙满了泪水，他强忍着才不致泪水夺出眼眶。他所看到的威尔逊总统已经不是往昔那个周身散发着优雅气息的教授了，虽然正值炎热的夏天，羸弱的总统却裹着一条大围巾坐在安乐椅中，左边的身体不能动弹，眼睛里也少了往昔的矍铄。

罗斯福和考克斯州长表明来意，希望可以推进总统所提出的国际联盟主张。病怏怏的总统对两位表示了感谢，继续他的休养。

为了竞选，罗斯福以西北部为开端开始了他的全国旅行演说。埃莉诺陪在他的身边，给予他鼓励和支持。路易斯·何威也同行，提供政治方面的真知灼见。罗斯福记得，路易斯说得最多的一句话就是："很多人都觉得你以后能成为总统！"罗斯福将这句话谨记在心，希望有一天能够得以实现。

虽然成功选举可以帮助罗斯福成为总统候选人，但无论是他还是考克斯州长都不能阻止波谲云诡的国内政治风云。共和党在

竞选中获得了胜利,因此哈定拥有了政权,这可不是罗斯福所乐见的。

只有埃莉诺知道此刻的罗斯福有多么的失望,于是为了安慰罗斯福,埃莉诺决定举办一次家庭聚会。已经14岁的安娜出落成一个美丽的大姑娘了,即将13岁的詹姆斯刚刚结束葛罗顿第一学期的课程回家度寒假,10的艾略特、6岁的小富兰克林和4岁半的约翰是那样的可爱。

看到自己的挚爱和孩子,罗斯福瞬间忘却了现下的难过,恢复到往日乐观开朗的状态。当听到小希尔德·罗斯福将成为新一任的海军副部长的消息时,他和埃莉诺都非常开心。要知道,这可是罗斯福家族出任的第三个海军部副部长了。看来,小希尔德·罗斯福继承了父亲的优良血统,必定会在政坛上崭露头角的。

拥护民主党的罗斯福在圣诞节特意举办了一次庆祝活动,活动结束之后,他才回到纽约市的家里过冬。

大选的那几天,还有一位年轻的小姐陪同罗斯福一家一同度过了几周的时间,这位名叫"玛格丽特·乐·韩德"的小姐担任罗斯福临时秘书这一职务。在罗斯福家里居住的这段时间内,玛格丽特小姐主要负责帮助罗斯福接收信件。随着家庭事务的繁忙,很快地,玛格丽特小姐逐渐演变成每位"罗斯福"家庭一员的"秘书",这是为什么呢?

原来,玛格丽特·乐·韩德小姐曾经接受过非常良好的教育,在来到罗斯福的家里帮助罗斯福处理信件之前，她已有很长时间的秘书工作经验。多年的政府工作经验，使她养成了极具高效率的工作作风，而玛格丽特小姐本人非常外向，加上全身心奉献他人的性格，因此罗斯福全家上下都非常信任她。在生活中遇到什么棘手的事情，都愿意向玛格丽特小姐求助。时间长了，她便不再是罗斯福专属的秘书，而受到所有罗斯福家庭成员的信赖。

早在选举之前，马里兰州信托公司纽约分公司正式向罗斯福发出邀请，希望他可以到该公司任职。选举的事情告一段落，他便正式接受马里兰州信托公司的邀请，到其在纽约的分公司担任要职。而这个时候，玛格丽特小姐自然而然地成为罗斯福永远的秘书了。

在任职的公司，罗斯福担任的是律师事务所的要员，当时的事务所的领导是爱莫特·马文。

时间来到了1921年，春天加快了她的脚步，罗斯福一家人又开始计划着去坎伯贝乐岛度假的事宜，他们计划今年的整个夏天都在那里度过，那将是多么美妙的一个夏天啊！每当兴奋地谈起即将启程的旅行，孩子们个个都笑得合不拢嘴，他们还多了一个谈资，罗斯福为他们购置了一艘新帆船——"威瑞欧号"。

之前的那艘"半月二号"被罗斯福"卖掉了"，就在战争刚刚甚嚣尘上的那段时间，在他看来国家需要轮船，于是将自己的帆船贡献了出去。现在，为了弥补孩子们心中的缺失，他决定再

次购置一艘帆船，以便自己的孩子们能够乘坐这艘帆船在海上玩乐。

正在全家为夏季度假做准备工作的当口，罗斯福被华盛顿方面召了回去，不明就里的罗斯福赶紧返回华盛顿。

原来，这一届政府对当局进行了一项关于"以前的政府是怎样管理海军部的事务"的调查，作为前任海军部副部长的罗斯福有义务出席，针对以前处理海军事务的具体步骤进行阐述。

就在罗斯福踏上返回华盛顿的路途之时，埃莉诺也带着孩子向坎伯贝乐进发了，他们将会拥有一个最凉爽的夏天，而她的丈夫、孩子们的父亲——罗斯福必须在炎热的首都过一个苦夏了。

罗斯福拥有现在的地位，离不开他非常好的记忆力。在听证会上，他出色地对以前的执行力陈述了最有力的证词，只听他说：

"没有证据直接或者是间接地可以证明，我在职期间做过作奸犯科的事情。这对我来说，十分不公平，甚至是一种诽谤！"他顿了顿，开始进行总结陈词，"如果在座的参议员没有能力拿出有力的证据来对新一届政府表示支持的话，那么请停止对我的任何诋毁和指控……利用海军来进行踢皮球这等推卸责任的方法来挑衅，我希望这种行为能够马上停止，这是对每一位议员的尊重，没有哪个地方的人民会喜欢这种议论过去党派的做法……"

罗斯福话音结束之时，就是整个诉讼案件完结之日。在7月21日，他给妻子埃莉诺写了一封信，信中除了描写当天的场景，以这样一句话作为结尾：

　　亲爱的埃莉诺，你知道吗？昨天，当我愤然地离开华盛顿的时候，心中有多么悲伤？但这些难过的事情都已经过去，希望等我到家的时候，你已经准备好所有的帆船了，我真是期待那样一番场景啊！请帮我亲吻我所有的孩子，还有你！我的至爱！

　　写完信，罗斯福感到从未有过的疲累，这种疲累可能并不来自于自己的身体，更多的是来自自己的心里。他现在最渴望的就是赶紧到坎伯贝乐，奔赴妻子和孩子身边，度过一个美好而凉爽的假期。同时，这也是战争后的第一个假期。

　　直到7月31日，罗斯福才乘坐到开往小岛的船只上，他站在甲板上遥望整片大海，好不惬意！但天公不作美，这几天海上的天空一直被一片浓雾所笼罩，导致船只行驶过慢。越是临近自己的目标，心中便越是急不可待，现在的罗斯福，就是这样的。

　　他极度渴望能够迅速来到妻子和孩子们的身边，和妻子埃莉诺漫步沙滩，带着孩子们去野外露营、去海中钓鱼，那将是多么美好的事情。对了，这一次罗斯福家庭的所有成员要来一次真正意义上的野炊。哦，天哪！罗斯福已经按捺不住对自己计划的美好度假生活的渴望了。

罗斯福登上小岛之后,他看到何威一家正在和他的家人待在一起游玩。埃莉诺看到罗斯福后,走过来对他说:

"过几天,路易斯·何威将离开这里,远航他方。"

接下来的几周里,罗斯福带着家人和客人开启了一番无与伦比美好的日子,他们乘船航行,下海游泳,漫步沙滩,打网球……甚至是彻夜地促膝长谈,都是那么令人身心惬意。

可无论采取何种方式度假,都无法消除罗斯福身心中的疲累感,即便是教授孩子们如何驾驶"威瑞欧号"都不能,连罗斯福本人都不知道这是为什么。

度假已经一个多月了,这一天罗斯福看着天气不错,便决定在这个晴朗微风的日子带着埃莉诺和孩子们驾船航行。他将"威瑞欧号"开到大海深处之后停下,然后让每一个男孩子按照顺序来掌舵。在返航的过程中,罗斯福发现岛上的树枝闪烁着点点火光,看起来似乎是着火了。罗斯福赶紧将船停在岸边,奔去着火的地方灭火。要知道,防止火灾可是每一个人的职责和义务啊!

孩子们也纷纷赶到父亲的身边帮他灭火,待大家齐心协力将大火扑灭之后,罗斯福和孩子们彼此嘲笑脸上因为着急救火而染上的烟灰,无不哈哈大笑。虽然他们感觉非常累、热、脏,但那种亲手救火的感觉,别提多爽了。

"我看,咱们现在最需要的是游泳。"罗斯福对孩子们说道。

"哦!游泳喽!"

在孩子们的欢呼声中,罗斯福带着孩子们向一个小型的内陆湖冲去,一个个从岸边蹦到湖里。埃莉诺则回到家中为罗斯福和自己的孩子们准备晚餐去了,这一天可累坏了,埃莉诺让用人晚上做些好吃的。

跟孩子们在湖中游泳之后,罗斯福感觉并不过瘾,于是他慢跑到海边,猛然地跳进海湾中更冷一些的水中。一番畅快的游泳之后,这才感觉有些清爽,罗斯福才一路小跑地回到家里。

回到家里,罗斯福便抄起躺在信箱里的一叠信件,还没有回到卧室换下湿漉漉的泳裤,他便坐在前廊的台阶上拆阅信件来看。

还没有拆开信,罗斯福突然打了一个冷战,接着又一封封地拆开信件。

"我可不希望再次感冒!"他对妻子埃莉诺嘟囔道,"我看我还是先到床上去暖和暖和再下来吧!"

说着,罗斯福边往楼上走去。埃莉诺在他身后问道:

"你不吃饭吗?"

"不吃了!"罗斯福简短地回答,"我现在一点都不饿,但非常冷!"

回到卧室的罗斯福赶紧钻进了被窝里,用被单将身体裹得紧紧的,不一会儿,罗斯福感到了温暖的气息,接下来便是非常放松惬意之感。

按照常理来说,驾船航行海上、在湖中游泳、慢跑都是给自

名人励志传记丛书

己带来舒服的运动，此刻的他感觉不到一丝丝的惬意，取而代之的却是周身的疼痛，即使没有用晚膳，他依然感觉自己的胃里非常不舒服。

迷迷糊糊间，罗斯福进入了梦乡，不时传来的痛楚又让他醒来，就这样往复地睡觉、疼醒，虽然他十分想叫醒埃莉诺，但他最终害怕打扰她便没有实施。

第二天早上醒来，罗斯福感觉到一双冰冷的小手正在抚他的额头上，他悠悠地睁开眼睛，听见埃莉诺那温柔的声音：

"哦，天哪！罗斯福，你发烧了！"

"埃莉诺，"喉咙间像是有一团火焰在燃烧一样，罗斯福艰难地吐出这几个字，"我全身都很疼啊！虽然我答应过孩子们，带他们去野营，可现在看来我要让他们失望了……"

"没关系的！"埃莉诺的声音中充满着关心，"何威会带着他们去的，我就在这里陪着你、照顾你。"

随着时间的流逝，罗斯福的疼痛没有消减的迹象，反而逐渐加重。看到罗斯福紧皱的眉头，埃莉诺更加担心，她恨不得现在正在遭罪的人是自己。埃莉诺派用人找来了贝那医生，可是医生诊治了很长时间并不能查出病因。

此时的罗斯福的身体逐渐出现了麻痹的情况，而且愈演愈烈，逐渐扩散到他的腿上，接着是后背、胳膊和手。何威的妻子葛丽丝给他发了一封电报，让他马上回来。

终于在这个周三的晚上,罗斯福病倒了。到周五,他不但不能下床走动,连在床上都难以动弹。这个时候,风尘仆仆赶回来的路易斯·何威带着贝那医生,回到内陆从宾夕法尼亚州找到了一位姓金的医生。金医生艺术高超,一番诊治之后,他判断罗斯福麻痹的病因是下脊柱的血块。

金医生转过头来,对埃莉诺说道:

"罗斯福夫人,您必须仔细为罗斯福先生按摩肌肉,而且每天都要进行全身按摩。"

埃莉诺点点头,但在这座岛屿上并没有其他护理人员,因此她和路易斯·何威承担起"护士"的工作,他们俩全天候地照顾着罗斯福。

肌肉按摩是非常疼痛的,每次按摩罗斯福都要咬牙忍住那种钻心的头疼痛。医生说,只要全身按摩便能使那个血块逐渐被吸收到他的身体当中去。这样一来,只要他的手慢慢恢复了知觉,那么他的身体便能恢复了。

过了一段时间,金医生推翻了自己的诊断,他认为脊髓的技能障碍是罗斯福的病原所在。一旦这个诊断成立,那么罗斯福所患的疾病将更加棘手。不过,还是有康复的可能的。

那么,到底什么时候才能康复呢?罗斯福不想每天这样病歪歪地躺在床上,尤其是当他见识到威尔逊总统躺在安乐椅上毫无生机的样子之后,他更不愿意自己重蹈威尔逊总统的覆辙。

罗斯福热爱运动，从小他就喜欢航海、打网球和高尔夫球，他更喜欢旅游，去意大利、巴黎……任何可以旅游的地方。他还要带着自己的孩子们去赛跑，跟他们踏遍美国的千山万水。现在的他却躺在床上不能动，那么他什么时候才能和路易斯·何威商讨竞选的活动呢？或者说，他想要从医生的口中得知，自己还要在这张床上躺多久。

他知道自己是在8月1号发病的，这场病使他注定在床上度过漫长又黯淡的8月时光。完全了解罗斯福心情的路易斯·何威忠诚地陪在他的身边做他的秘书，会给他念他所有的来信。

即便埃莉诺和路易斯·何威每天按摩他的肌肉，他的疼痛也没有一刻消减过。这时候，医生开始认为罗斯福脊椎下部的血块或许是小儿麻痹造成的后果。

医生刚刚说出自己的推断，在场的人士无不倒吸一口凉气。埃莉诺拒绝相信医生的这个推断，她咨询更为权威的专家。于是一位名叫罗伯·罗维特的医生从波士顿远道而来，他诊断了罗斯福的病症之后断言：罗斯福先生的确罹患小儿麻痹。

这无疑是晴天霹雳啊！埃莉诺开始啜泣，而罗斯福此时最关心的并不是自己的病情，而是向罗维特医生询问道：

"那我的孩子是否也罹患跟我一样的病症呢？毕竟他们也曾经暴露在病原中啊！"

深深被罗斯福浓厚的父爱所感染的罗维特医生否定了他的推

断,但即便这样,直到几周后看到自己的孩子们还蹦蹦跳跳地玩耍,罗斯福心中的石头才终于落了地。

得知自己的病情,明明知道自己不能痊愈,但他心中仍然抱着一丝希望。这一天,罗斯福靠在枕头上休息,注视着埃莉诺的眼神中充满了绝望,两人一道听着罗维特医生的忠告:

"我建议你们不要随便服药,因为药物的作用微乎其微。如果因为服用药物而影响胃口,那就得不偿失了,不过,我倒建议你们可以用一些剂量较小的安眠药。

目前,没有其他方法可以治疗这个病症,你们也应该停止按摩了。你们可以尝试一下热水浴,如果可以减轻病状的话,无论是对病人还是家属都是非常好的鼓励。罹患这种病症的病人都会有消极心理,家属要理解病人!"

直到罗维特医生离开之后,房间内只剩下罗斯福夫妇二人的时候,从罗斯福口中说出的痛苦使得埃莉诺又心疼又焦虑。她听到罗斯福平静地说道:

"你最好委婉地将我患病这个消息通知我的母亲和我们的孩子们!"

看到罗斯福眼中坚毅的眼神,埃莉诺马上给萨拉·罗斯福修书一封,信中将罗斯福的病症一语带过,最后希望萨拉能结束欧洲的旅游,来到他们身边。

萨拉的到来无疑给埃莉诺打了一剂强心针,她们婆媳二人开始共同照顾罗斯福。发病一个月，罗斯福家族和路易斯全家都没有离开坎伯贝乐的计划，因为医生勒令不能随便移动罗斯福。

当埃莉诺决定带罗斯福回到纽约医治的时候，虽然大家都在担心，但除了这个方法他们谁都无计可施。于是家人们小心翼翼地将罗斯福送回纽约，从游船到火车，这一路的颠簸可想而知。但罗斯福对自己说：永远不要抱怨！不要流露出任何痛苦的表情！不要再使家人为自己担忧！

罗斯福很久不露面，引起了民众的猜想。最后由他的主治医生德瑞伯先生召开记者发布会，他向记者说明道：

"罗斯福虽然罹患轻微的小儿麻痹，但目前他正在积极地康复，是不会残废的！"

结束生病的阶段之后，罗斯福积极投入到复健的部分。他喜欢在医院的走廊和花园里跟病友玩耍，他的笑声总是回荡在医院的走廊里。随着复健的程度加深，罗斯福逐渐可以撑起身体、弯曲手臂了，埃莉诺看在眼里，乐在心里。

在医院治疗一个半月之后，罗斯福的病情好转了很多，他知道自己接下来将面对什么——母亲萨拉希望他能够回到海德公园，在那里了却余生；而只有自己的妻子埃莉诺才知道自己想要什么。

是的，他想回到曾经奋斗的地方，继续自己的政治生涯。埃莉诺一定会支持自己的决定，他知道只有埃莉诺最懂自己。

发病将近三个月之后，罗斯福出院回家。他必须像以前那样生活才能彻底恢复。夏天到坎伯贝乐避暑，在海德公园庆祝感恩节和圣诞节，冬天一定要回到纽约市……

回到家里不久，罗斯福便可以独自坐起来了，他自己非常高兴。渐渐地，胳膊和肩膀也能自由活动了，家人无不喜极而泣。这样一来，他便可以自己使用鱼竿钓鱼，并且掌控帆船了。如果长此以往地锻炼，那么回到办公室上班的那一天将指日可待。

想要达成这个愿望，他必须每天锻炼，甚至要付出更多的努力，这样才不会导致肚子和大腿上的肌肉萎缩。此刻的他，需要的是坚韧，否则他将一蹶不振。

痛并快乐着

照顾罗斯福的医生和护士在治疗他身体的同时，也在构筑他的心理。他们告诉罗斯福，每个人的耐心都是没有穷尽的。他想要探求小儿麻痹的成因，但没有一名医生和护士能够准确地回答他的问题。

他只知道小儿麻痹有很长的历史，病毒是导致小儿麻痹的主要成因，但即使用显微镜也看不清楚那些病毒真正的样子。甚至没有一个人能够准确地说出这种病毒是通过怎样的途径传播的，但只要这种病毒侵袭人体中的神经细胞，那么这个人便确定罹患小儿麻痹。

1894年，美国出现了第一例小儿麻痹病例，但正式蔓延开来是在1916年。一百个医生看到这个病会有一百种观点，但无论医生的百家之言是怎样的，大家均认同一个观点——小儿麻痹意味着肌肉神经死了。

对于罗斯福来说，未来的他不是永远坐在轮椅上，就是使用拐杖。为了避免罗斯福的肌肉萎缩，医生们在他的双腿上打上石膏，接着将楔子插在石膏中，待拆除石膏之后，罗斯福开始与钢架共同奋斗。

这位煊赫一时的美国海军部副部长，必须依靠人的扶持才能站立，或者是依靠拐杖才能走路。他感觉自己像个初生的婴儿一样，离不开人。

在练习的过程中，他一直在呢喃："你们等着吧！来年春天我一定可以走路，一定可以！"

第二年春天快要过去的时候，罗斯福终于认识到，自己当初简直是大放厥词。独自躺在床上的罗斯福想要走动，必须先下床在地上匍匐，这不正是最卑微之处吗？

也许想要实现自己的政治抱负，他必须像一个婴儿一样依附在别人的身上，可是想要站在演说家神圣的讲台上，必须依仗自己的双脚。想要达到这个结果，他必须对医生说的那些新的治疗理念和疗法深信不疑，避免自己的肌肉萎缩。

当他从罗维特医生那里得知，游泳可以帮助身体恢复的时候，

他第一次在水中移动了自己的双腿。在水中，罗斯福高兴地向埃莉诺大叫：

"你瞧啊！水是我的车轮，将我带到这边，带向那边。"

此刻的他像极了一个小孩，要知道在陆地上别说移动了，连站立都非常困难。在水中锻炼了一段时间之后，罗斯福感觉到阳光也可以使肌肉有一定的感觉，于是他想要到佛罗里达州度过整个冬天。

逐渐恢复之后，他的日程表变得密密麻麻起来。在自己的办公室内，他坐在轮椅上，到这里听韩德小姐念那些信件，到那里和路易斯·何威商量竞选的事情。与此同时，他还计划着成立伍德罗·威尔逊基金会的相关事宜。他的心中，一直铭记总统先生对于和平的渴望。

患病之后，罗斯福特别想参加童子军的活动。秋天过后，他就希望自己能回到律师事务所上班。埃莉诺非常支持他，反对的声音来自他的母亲萨拉·罗斯福。母亲非常满足罗斯福现在的恢复情况，她并不乐于见到罗斯福再度陷入病情当中。

自从罗斯福患病之后，在路易斯·何威的影响下，埃莉诺对政治越来越感兴趣。现在的她继续从事社会工作，并且在妇女俱乐部成功发表了几次演说。

1920年，《美国宪法第19条修正案》通过，意味着美国的妇女也有了权利参与选举，因此妇女俱乐部更加忙碌了。罗斯福的家庭再度增加了一个新人——埃莉诺的私人秘书莫维娜·汤普森，两人在红十字会的工作中相识，非常投缘，便结成工作伙伴。

罗斯福的孩子们叫汤普森小姐为"汤米"，可见大家是有多么喜欢汤普森小姐。当然，他们也深深地喜欢韩德小姐。可不知道为什么，孩子们永远无法爱上路易斯·何威，可能是因为他是一位先生，身上的衣服永远一副没有烫平的样子，而且周身永远散发着香烟的味道吧。

家人触怒了罗斯福之后，他不再像从前那样一笑而过，而是会严厉对待惹怒自己的人。1922年的秋天，艾略特度过暑假之后不想返回葛罗顿学校，虽然罗斯福对待这个儿子有一种特别的偏爱，但他并不允许自己的孩子不返校这种行为的出现。艾略特的眼泪并没有打动罗斯福，最终他还是回到了葛罗顿学校。

即便所有的家人和朋友都了解罗斯福的性格，但没有人比他自己更了解，因为病情，他的性格也改变了不少。他的内心变得愈发地深沉，他的性格变得比之前坚韧了许多，同时因为平时运动的减少，思考变得多了起来，价值观似乎也有所提升。

离开医院之后，罗斯福一直采取邮件的形式与全国各地的团体联系。铭记威尔逊总统期盼世界和平理想的罗斯福，曾经写下许多以"世界和平"为主题的文章。在罗斯福患病之前，他的名字经常活跃在政坛上。他罹患小儿麻痹之后，他的名字也出现在了文坛上。

即便如此,坊间仍然有关于他要竞选州长的谣言。罗斯福本无暇理会,在这一年的晚秋时节,他决定回到工作岗位上继续自己的事业。

有一次,罗斯福架着双拐行走,由于地板非常滑溜,罗斯福没有扶住拐杖便摔倒在地。一时间,围在罗斯福周围的人都想在他的脸上看到生气、尴尬甚至是泪水。可令这些看客失望的是,罗斯福并没有出现以上大家期待的状况,而是缓慢地坐起来,接着用孩子的语气说道:

"现在的年轻人啊,看到有人摔倒了,怎么都没有人帮忙扶起呢!"

罗斯福的话音刚落,便有一个年轻人走上前去将罗斯福扶起来,并且将拐杖重新架在了他的胳膊底下。他向年轻人表示感谢,得知这位名叫"贝索·欧克那"的年轻人在这栋大厦的一所律师事务所工作。随后罗斯福走进电梯。

回到工作岗位的初期,罗斯福一周只有一天待在这里,渐渐地变成一周三天、五天。让人意想不到的是,1925 年的元旦那天,罗斯福和那位帮助过自己的年轻人共同创立了自己的事务所——罗斯福及欧克那律师事务所。

在两年间,罗斯福一直没有放弃治疗,甚至在某一年的初春来到佛罗里达州度假,他乘坐"威欧那二号"乘风破浪,甚至在船上钓鱼。结束假期之后,虽然罗斯福黑了一圈,他却更加自信地回到了纽约,逢人便炫耀自己的钓鱼技术有多么精湛。

当年夏天,罗斯福决定将自己的假期分别安排在海德公园和位于马萨诸塞州的马瑞安两个地方度过,这样他就会拥有两份度假的感受。

时间的车轮滚滚向前,罗斯福那原本软弱无力的大腿肌肉开始有知觉了。此时此刻,他仍然需要埃莉诺这条"腿",她替罗斯福到处演讲、四处演说。但是,当1924年6月民主党全国代表大会即将举行的时候,罗斯福还是希望自己能够亲临纽约麦迪逊广场公园现场参与竞选。

就在大会举办的前夕,经常有党政代表出入罗斯福的家中,韩德小姐的工作加多,而路易斯·何威完全沉迷在竞选的事情中来,似乎他本人比罗斯福还要亢奋。要知道,这可是罗斯福复出的首秀呢!

美国的民众不知道,这次罗斯福要双脚站立在他们面前,向他们推荐阿弗烈·史密斯。何威大胆地预示,总有一天罗斯福的名字将出现在名单中。他为什么会如此笃定?

原来就在几周前,罗斯福和何威在他的卧室中商讨大会事宜,期间罗斯福正在用早饭,何威记得那一天罗斯福很高兴,因为被单没有盖住罗斯福的一只脚,就在罗斯福说到高兴起处,他的一个脚指头动了一下,连他自己都没有发现,何威却将这一幕深深地记在脑海当中。

在这次民主党代表大会上,罗斯福首先要发表提名演说,更毛遂自荐担任纽约州"促进史密斯当选总统委员会"的主席一职。谁知,这一年的竞争异常激烈。

与以往每次代表大会的流程类似,这次共和党的表现无懈可击,马萨诸塞州的科尔文·柯立芝是他们提名的候选人。而他们的对手民主党似乎并不团结,事实也的确如此。

包括罗斯福和路易斯·何威在内的所有民主党党员都知道,他们面临的诸多问题中最重要的一个就是在总统候选人的选择上。

当坐在轮椅上的罗斯福被推至大厅时,所有人的气息仿佛都静止了。虽然包括他的拥护者在内的许多人都在谣传,罗斯福将在这一刻复出。但看到罗斯福出现在他们面前,他们仍然不能平复他们激动的心情。

找到自己的位置,罗斯福从西装的兜里掏出了自己的演讲稿,准备自己的演讲。待主席结束介绍之后,台下的观众看见罗斯福伸着双腿,将撑木锁住,借助拐杖站了起来。缓一缓,居然自己"走"到演说台前。当他在演说台前站定的时候,场内没有一丝声音,但此时无声胜有声,大家心中均是无比激动。

走到演讲台的后面,罗斯福用力扶住桌角以保持平衡,随即他丢开两个拐杖,骄傲地昂起头部,微笑地看着台下的民众,开始自己的演讲。

罗斯福就要开始自己患病后的首次演讲，这个时候，场馆内部点燃的雪茄被熄灭了，嘈杂的剥花生的声音消失了，连人群聚集处的呢喃的声音也荡然无存。偌大的场馆中回荡的只有罗斯福那铿锵有力的声音，他首先为大家罗列阿弗烈·史密斯在任职纽约州州长时的成就，没有繁文缛节，没有陈藻窠臼，有的只是史密斯一桩桩惠民的政策、一件件改革的事迹。

结束自己的演讲之后，罗斯福激动异常，却缓慢地回到他的轮椅上，他离开很久后，场馆内还报以持久的掌声与欢呼声。

虽然罗斯福的演讲十分精彩，投票结果却不尽如人意——阿弗烈·史密斯在这场党内总统候选人竞选中再次败北，但是他和罗斯福的名字始终萦绕在民众的心中。

当地的报纸都在报道罗斯福战胜病魔的消息，更有甚者，一些政治专栏的作家找到他希望可以为他出书。

"不论阿弗烈·史密斯州长是否在这次竞选中获胜，他都是英雄。同样的，在这场竞选的代表大会上，我们的富兰克林·罗斯福是更加伟大的英雄。"

《世界晚报》这样报道此次竞选大会上罗斯福患病后的首次演说，还以"他完全可以赢得全国所有党派代表的尊重"这样一句话结尾。

病情大有好转

在这次代表大会上,罗斯福结识了一位名叫乔治·福斯特·彼伯蒂的银行家,他是地方的领袖,在民众中有一定的地位。大部分的时间,彼伯蒂先生都在纽约市忙自己的事业,但在佐治亚州的产业中他也有自己的股份。

代表大会结束不久后的一天,罗斯福就收到了署名为彼伯蒂先生的信件。罗斯福很好奇,彼伯蒂先生能有何事?展开彼伯蒂的信件,信上的内容让罗斯福非常感动。

在佐治亚州麦瑞威勒郡的温泉谷,大概在亚特兰大以南75公里的地方,彼伯蒂先生在那里有一块土地。还有一眼一直保持在水温88℃的温泉,在他所拥有的这块土地上。不管医生们怎么说,但彼伯蒂先生对这池温泉的医疗能力深信不疑。

> 在这块温泉附近就有一家颇具历史的旅馆,我诚挚地希望富兰克林·罗斯福先生能够到这儿来生活一段时间,试试泡一下这个温泉……

看到这里,罗斯福已经非常感动,因为那天的代表大会上,他和这位彼伯蒂先生仅有一面之缘,对方却能为自己的健康着想。换作是谁都无法不感动吧?

接着往下看,信的后面是另外一封信,写信的人是当地的一位民众,叫作路易斯·约瑟夫。"想来,这位彼伯蒂先生是想给温泉的效力找一个认证吧!"这样想着,罗斯福继续往下看:

路易斯也罹患小儿麻痹,而且相当严重,病中的他不但不能走路,就是连抬手臂和大腿这样的事情都办不到。在那个温泉池子里泡了一段时间之后,他居然可以拄着拐杖行走了。这简直是一个奇迹啊!

不负彼伯蒂先生的期望,这封信自然引起罗斯福的兴趣,因为他早就知道泡在水中对自己的病症和身体都有好处,无论是游泳还是单纯地在水里待着,这个时候,水对自己有无限的价值。

采取水疗也有一段日子了,现在的罗斯福已经不用撑木便可以在水中站立许久,当然他希望水能带给他更多。即便不是彼伯蒂的来信,罗斯福也渐渐发现,游泳池的水并不是恒温的,一旦某个区域的水有些凉的话,那么自己便不能在水中多待一秒,何况是更久呢!

彼伯蒂先生的这封信正中罗斯福的下怀,如果去信中所说的那个温泉,有效果固然更好,最起码温泉可以解决水温过冷导致自己无法行走这个问题啊。

想到这,罗斯福便准备踏上行程,连他关注的选举日都没有

等。1924年9月底，罗斯福踏上温泉治疗之旅，身边是爱妻埃莉诺和私人秘书爱乐·韩德小姐的陪伴。火车一路向前，奔往他的目的地——佐治亚州的一个名叫"拉契维"的村庄。火车上的乘客都知道这个地方，要知道前些日子，这个地方才将麦瑞威乐宾馆更名为彼伯蒂先生口中的温泉谷宾馆。还未抵达月台，罗斯福一行便发现有很多人正站在月台上等着他们。

罗斯福见识到这位彼伯蒂先生的带动力，不久他就了解到原来这位彼伯蒂先生正是地方报纸《太阳探究报》曾经的编辑兼发行人，正是因为他在报纸上抨击3K党，才导致《太阳探究报》被迫停刊的。

1919年，当时洛乐斯先生对当地的矿泉非常感兴趣，希望可以建成一个工厂，来挖掘矿泉、生产矿泉，继而通过矿泉谋取利益。但由于他本人实在欠缺经营的天赋，于是在1922年派人找到乔治·福斯特·彼伯蒂先生，希望可以共同经营矿泉。

月台上等待罗斯福的人浩浩荡荡，洛乐斯先生一行就在其中，包括洛乐斯先生和太太、贵族米妮·布洛奇小姐和佐治亚·维金斯小姐，另外一个就是给罗斯福写信的路易斯·约瑟夫，他当时不用撑木也可以挂着拐杖行走，当然还有一些随从。

罗斯福从火车升降口中下来，站在月台上的人都看到了他——因为长期挂拐，他曾经那么坚实的肩膀变得弯曲甚至略带佝偻。尽管如此，他仍然向等候他的民众展现最为灿烂的笑脸。

有人搀扶罗斯福安全下车，并且帮助他坐到轮椅上，在这之后罗斯福就被人推进了佐治亚·威金斯的汽车上，汽车慢慢开动。

这一天的天空非常晴朗，空气也十分清新，罗斯福亲切地嗅着空气中弥漫着的松香的味道。果然，大自然比城市的空气要好很多。

一路上非常颠簸，罗斯福没有想到佐治亚有这样偏僻的地方，还有这样险峻的地势。期间，来接罗斯福的人告诉他：

"现在途径的这座山名叫'松山'……"

听到这里，罗斯福俏皮地打断了他的话，呢喃道：

"怪不得空气中有很浓郁的松香味道，是不是这个缘故才叫'松山'的啊？"

那位正在讲解的先生没想到罗斯福会有这样一个问题，突然间不知道怎么回答，只能不置可否地继续往下说：

"松山隶属于阿巴拉契亚山脉南部的顶峰，因此山路起伏不平。"

当车子路过麦瑞威乐宾馆门前的时候，罗斯福哈哈大笑起来。他看到了这座宾馆是一座古老的三层建筑，而且看宾馆的外面就知道里面占地面积和建筑面积都不小。虽然是一栋木质的三层建筑，但每层楼的设计都采用维多利亚式的风格，那些装饰漂亮极了。是什么引起罗斯福大笑的呢？

原来，一座方形的顶棚正高高耸立在麦瑞威乐宾馆的屋顶，这看起来非常滑稽，而且似乎它并不应该出现在这里啊！

"真是一个奇怪的地方啊！"笑声之中，罗斯福说出了这样一句话。

罗斯福夫妇并没有住在这个每层楼都环绕一个大走廊的宾馆里，而是来到距离这里不远的一座别墅住了下来。这栋别墅的主人不是别人，正是哈特。

来到这里，罗斯福便急切地想去彼伯蒂先生所说的温泉试试，不知道那个位于松山脚下的温泉，是不是真的如彼伯蒂先生和路易斯先生所说的那样，对自己的病情有益处。

来到了温泉游泳池旁边，罗斯福从轮椅上下来，进入温泉池子里，用有力的胳膊和手扒在泳池旁边使自己站立在水中。被温泉水包围周身的罗斯福，甭提这一刻有多么放松了。因为波动，有一些温泉水进了自己的嘴里，但这味道比自己想象的要咸一些，罗斯福想这可能是水中的盐和矿物质所发挥的作用吧。

在水里试着慢慢行走的罗斯福，一直对这温泉水治疗自己的病是否能有效果产生疑问。对他来说，没有什么比这个更重要的了。于是他在水中待了足足两个小时，正像很多人建议的那样。

慢慢地行走、张开手臂游泳甚至是和水中的其他人玩球，这都令罗斯福感到无比轻松，当然此时的罗斯福不用撑木也能站得很直。等他疲惫得不能继续的时候，他就让人把自己拖出水面放在太阳椅上，惬意地晒着太阳。

就在这小憩的期间,他瞥见那位路易斯·约瑟夫先生现在也在池子里走动。就是在这个温泉池子里锻炼,路易斯先生的腿慢慢得到了恢复,而自己什么时候才能取得像他那样的疗效呢?不知为何罗斯福开始焦躁起来,于是他抓着路易斯先生,开始询问他的治疗效果。

"哦,罗斯福先生,请您不要着急,最短要锻炼三周,才会看到效果,所以……"将罗斯福每一个焦躁的表情看在眼里的路易斯继续劝慰他,"所以啊,您先不要着急,三周之后你保证能看到效果!"

三周?罗斯福心里盘算着,全国的大选马上就要开始了,我能在这里安心地锻炼三周吗?可是,他真的希望在这里能使自己的病情能有所好转。显然,这种渴望最终攻陷了罗斯福的心,在与埃莉诺商量之后,罗斯福决定留在这里治疗至少三周的时间。于是兵分两路,埃莉诺返回纽约去料理那些政治事务。

在给母亲萨拉的信上,罗斯福这样写道:

> 目前,您知道吗,这里的每个人都非常友善,今天下午,洛乐斯先生还开着车带我到附近去溜达溜达。不去不知道,原来这里有很多桃园,但是因为劳动力很少,这里的很多果园都荒废了。我所居住的那栋别墅的主人是哈特先生,他很贴心地为我物色了两个厨师,我每天

吃得很好。而洛乐斯先生一家，就住在我们隔壁。这里的生活真是太棒了！

现在罗斯福上午都来这个温泉的水池中去锻炼，他听当地的人介绍说，这个池子里的水是从很深的一条裂缝里奔涌而出的。下午则跟爱乐·韩德小姐一起处理一些信件，或者是跟洛乐斯一家一起出游。

因为罗斯福强大的意志——他要走路，于是他每天都在这个游泳池中坚定不疑地锻炼。皇天不负有心人，几日之后，他不但能在水中摆脱撑木站立起来，还能走上几步，尽管非常艰难。但仍然坚定了罗斯福继续锻炼的信心，他坚信有朝一日，自己一定可以摆脱撑木和拐杖，自由地行走。

随着时间的流逝和病情的好转，他开始相信那些克里克印第安人的传说了——这个温泉是有治疗的效果的。在被更多的人熟知这个温泉之前，这些印第安人经常带着受伤的战士和病人来到这个温泉，让他们泡进去医治伤病。由于这个温泉治疗病症的效果屡试不爽，渐渐地，这个地方被尊称为"圣泉"。因为这个"圣泉"的存在，所以没有一个敌人会进犯此处。

"母亲，等我回去的时候……"在另一封给母亲写的信中，罗斯福说：

等我回去，我一定要同乔治·福斯特·彼伯蒂先生进行一次促膝长谈，要知道他才是拥有这块土地使用权的那个人。我将提出建议，建议他在这里建立一个有关小儿麻痹的疗养基地，这样才会有更多小儿麻痹的患者在这里得到帮助。

除了彼伯蒂，罗斯福回到纽约之后让更多的人见证了他的恢复效果。从1926年的元旦开始，他开始处理和贝索·欧克共同创办的律师事务所的事情。

当年的愚人节，罗斯福又来到这个温泉谷开始长达一个半月的治疗。此行前来，除了治疗，罗斯福还想跟汤姆·洛乐斯先生商讨将这里建造成理疗基地的事情。

因为这里的温泉治疗很有疗效，因此各大报纸和杂志都来报道罗斯福的康复过程。当他再度踏上这片热土的时候，这里的医务人员告诉他：已经有至少两名小儿麻痹患者正在前往这里的路上，他们都是因为罗斯福治疗的效果慕名而来的。

当两位小儿麻痹患者抵达这里的时候，罗斯福决定先把他们安置在村庄上那个非常有特色的旅馆。而这时的罗斯福正在抓紧时间修葺一座别墅，他将这里命名为"残骸"。

在这期间，又有更多的小儿麻痹患者陆续前来，最后经过清点，发现有十几个病患。虽然罗斯福很高兴看到自己的很多病友的到来，但他并不知道应该怎样经营一家休养旅馆。

因为到当地旅游的游客看到那些病病歪歪的小儿麻痹症患者的时候，脸上就呈现出极大的冷漠，更有甚者向温泉的主人提出投诉：不愿意跟这些人一同待在游泳池内。

我们害怕被传染——瞧啊！这就是那群人的糗样，多么可笑！罗斯福总是不厌其烦地向那些人解释，这种病症不会在泳池里被传染，任凭他怎样解释，都于事无补。

那些游客的投诉声音甚嚣尘上，宾馆的所有者麦瑞威乐还需要这些游客的到来。于是罗斯福决定拿出自己的积蓄为这些病患建造一个属于他们自己的温泉游泳池。他将麦瑞威勒的别墅一层进行改建，自动隔断出一个餐厅。

就在罗斯福紧锣密鼓地打造"病患之家"的时候，埃莉诺带着19岁的安娜前来跟他会合，同行的还有路易斯·何威以及安娜的爱犬。此时，罗斯福的儿子们都在学校念书，但他们一旦有时间便会马上来到这座温泉看望自己的父亲。

路易斯·何威等人抵达温泉谷，便马上开始与罗斯福坐下来商谈未来对这个地方的改造和筹划等事务。

1925年夏天过去之后，罗斯福真的可以自行走路了，右脚已经完全摆脱撑木，只是左脚还需要继续使用撑木和拐杖，右脚的完全康复给了罗斯福很大的鼓舞。

他在纽约度过这一年的冬天，除了经营他那个和贝索共同创办的律师事务所，罗斯福还要继续自己的温泉谷开发事务、继续支持伍德洛·威尔逊基金会的相关事宜……总之，他仿佛又回到生病前忙碌的状态，有事情做让他很开心。

在所有的事情中，有两件事对他特别重要——了解、解决小儿麻痹的活动和通过世界组织推动世界和平的运动。

洛乐斯本就不是一个善于经营的生意人，加上现在身体微恙，导致温泉谷的生意经常赔钱。因此，罗斯福断定洛乐斯是不会帮助自己打造温泉谷疗养基地的事宜的。

既然如此，只有从彼伯蒂手上买下这个地方，自己改造和经营才是目前为止罗斯福唯一的出路。当家里人得知他的这个想法的时候，无不呈现一种吃惊的表情。

"你要知道，富兰克林……"首先提出异议的是自己的爱妻埃莉诺，"购买这里将会花费我们大部分的积蓄，这样孤注一掷你认为值得吗？"

大家的反对之声早就在自己的意料之中，罗斯福只是微微一笑，没有谁能够改变他所做的决定。

次年2月，正在乘坐自己新购置的"拉如哥号"在海上游玩的时候，罗斯福听说了汤姆·洛乐斯去世。于是他赶紧给洛乐斯的太太寄去了一封满含安慰的信。

当他结束了一天的巡游，将船停在西钥的时候，乔治·彼伯蒂的兄弟——查理士上门做客，同行的还有温泉谷哈特别墅的主

 名人励志传记丛书

人威廉·哈特。上船之后，罗斯福带着两人参观了西钥海军造船厂，并且将两人介绍给很多自己在战争中结识的那些海军官员。

在整个巡游的过程中，罗斯福力求给二人留下"我有实力买下麦瑞威勒所有产业，并且有这个想法"的印象。

事实上，当二人离去的时候，真的已经被罗斯福的热情所感染。不久后，罗斯福给母亲写信坚信自己一定能够买下温泉谷。

母亲，这是势在必行的。我相信当我购置了温泉谷之后，母亲也会对它有兴趣。届时，希望母亲可以给我提一些对我有帮助的建议和意见，我希望好好地经营它。除了让它成为治疗小儿麻痹等病症的复健中心，相信也会给我们带来可观的财政收入！

这一天，罗斯福收到他的律师合伙人——贝索的一封电报，上面只有一句话："我将搭乘下午的火车前去，请记住，在你看到我之前，不要签署任何文件！"

不得不承认，罗斯福喜欢这个小伙子的遣词造句和作风。第二天，贝索来到温泉谷之后，罗斯福带着他到温泉谷参观。回到房间内的两人开始了一段很长时间的讨论，尽管贝索依然对这项投资的收益存疑，但听了罗斯福的阐述之后，他想通了，也就没有任何担心了，他回到纽约马上起草所需文件。

不久之后，罗斯福正式买下这座温泉谷。他决定在原有基础上进行一定的改造，他将那些差劲的建筑拆除，取而代之的是用料安全、考究所建筑的精美建筑。

一想到这里马上就要署上自己的名字，罗斯福就激动不已。这里的马路必须更适合拄拐的人行走，所有门前都要有坡式的台阶，否则那些推着轮椅的人怎么才能进来？对于那些不能进行过多改动的地方，罗斯福决定简单地刷一遍漆，那也会给人耳目一新的感觉啊！

从罗斯福掌管温泉谷之后，这里已经变成病人的理想去处。这里的游泳池可以帮助他们恢复健康，餐厅和住宿区给度假的人提供一个完美的栖息之地。说这里是医院，却毫无阴森之感；说这里不是医院，又可以使那些病患重获健康。

1926年注定是罗斯福家族的重要的一年，首先是在6月初，改装一新的温泉谷正式开放，罗斯福的女婿——爱格伯特·柯蒂斯接手，全面管理这里。紧接着回到纽约之后，罗斯福摇着轮椅参加了女儿安娜和女婿爱格伯特的婚礼。

安娜是罗斯福的长女，更是他唯一一个女儿，罗斯福是怀着略微感伤的心情观礼的。夏天，罗斯福的长子詹姆斯从葛罗顿顺利毕业，谁能相信，站在他眼前这个高大帅气的"罗斯福"先生，当初还不肯回到学校念书呢！

这一年的8月，罗斯福和埃莉诺回到马萨诸塞州，来到马瑞安接受麦唐纳的另一项医治疗程。一个月之后，罗斯福邀请一直对温泉谷的经营持保留态度的母亲到温泉谷居住一个半月，母亲对这里也非常满意了。

次年年初，罗斯福在温泉谷停留很久。从2月到5月，他一直住在自己的别墅内。此外，他还另外购置了一块1200亩的土地，以便购置更多的设备好对旅馆装修一新。与此同时，他也考虑到自己的病情，依然在那里继续着治疗。

第四章
成为白宫的主人

迈出成功的一大步

具备极高人格魅力的罗斯福成为大家崇拜的对象,因此有很多人慕名拜访,为的正是一睹他睿智的政治才能。自从结束1924年那场惨淡的大会后,无论是党内还是党外,罗斯福都有很多的事情要处理。

他仍然主张自己所属的党派应该勇敢地战斗,因此他给全国各地的领袖们写信。而且他仍然认为,阿弗烈·史密斯应该再度被提名为民主党总统候选人,为了使自己的目标达成,他再一次变成史密斯的管理人员。

1928年,民主党大会在得克萨斯州的休斯敦召开,这一次罗斯福带着自己18岁的儿子艾略特一同参加，他想让儿子见识一下什么是政治。

1928年，当罗斯福拄着拐杖出现在这里的时候，他的身体机能已经康复了很多，背部和腹部上的肌肉不再萎缩，并且可以使用撑木来保持平衡。患病四年后的今天，他完全可以用一只手拧着儿子艾略特的胳膊走路了，艾略特担任罗斯福的同伴和助手。

面对一群激动的听众，罗斯福再次发表令人震惊的演讲。和以往的几次完全不同的是，这次演说还会通过无线电广播网让更多乃至全国的民众都听到。

面对这种新兴的媒体，罗斯福的心中意识到这是一次千载难逢的机会。为了那些首次"见面"的不能谋面的听众，罗斯福认真地写了一个发言稿。良好的家世和在两所名校求学的经历，使罗斯福拥有一个优美的声线，当他的声音从广播里带到更多人的耳朵里时，没有人不为之一振。也许是因为这一次的准备充分，很快阿弗烈·史密斯便被提名了。

这年7月的最后一天，回到温泉谷的罗斯福并没有过多地游玩，马上投入到阿弗烈竞选工作的安排当中。现在的温泉谷完全是他私属的天地了，在这里，他像极了一个快乐的国王。

病人们嚷着无聊，他便跟他们一起做游戏。而邻居们则关心他是否可以竞选纽约州州长。私人秘书韩德小姐一如既往地尽职尽责，为他服务。一切都是那么平静而充实，这似乎是罗斯福病后最惬意的一段日子。

面对坊间"罗斯福将要竞选纽约州州长"的传言,罗斯福只有四个字的回答:无稽之谈。要知道现在的他还要治病呢,没有那么多时间和精力。当温泉谷的旅馆正在安装中央暖气系统的时候,罗斯福很高兴,他希望可以兴建室内游泳池。

当然,还有一个原因促使罗斯福放弃这一年的竞选。一天在经过与埃莉诺和路易斯的交谈之后,他们一致认为今年不是民主党年。

在共和党政府统治的这段时间内,社会上出现了很多工作的机会,人民的生活水平也有所提高。没有人再试图去冒险,去改变现在的情况。因此,如果阿弗烈·史密斯想要在11月击败共和党的候选人——赫伯特·胡佛,似乎有些困难。

跟自己的先生谈论的时间长了,埃莉诺发现自己俨然成了一名政治家。她现在也是一位领袖,担任阿弗烈·史密斯全国妇女活动局的领袖。埃莉诺在妇女活动局表现得很好,即便是在照顾四个孩子的基础上,仍然不耽误她的演讲行程,罗斯福也很看好自己的妻子。要知道,这个时候的埃莉诺还在贵族学校教授文学和历史。瞧,她有多棒啊!

经过商量,这年9月,罗斯福回到温泉谷继续治疗,而由埃莉诺出席将于罗切斯特召开的民主党大会。可民主党的代表们刚刚抵达罗切斯特,便有人致电罗斯福,希望他来竞选纽约州州长,

名人励志传记丛书

因为那些罗斯福的支持者们认为,他一定可以拿到足够多的选票。

罗斯福一再以"我要治疗"为理由推辞,最终他只有无奈地让韩德小姐来接听电话。他马上要去进行复健了,逐渐恢复的右腿马上就可以不要那根撑木而行走了。

尽管如此,民主党的人一直从各方面进行对罗斯福的游说工作。这一天,罗斯福收到一封女儿的电报,电报上也是字字珠玑,让他去参加竞选。在回复女儿的电报上,罗斯福用虽然俏皮但也有些许动怒的语句说道:"别看你现在已经结婚,但如果你再怂恿我去参加竞选,我一定会打你屁股的!"

紧接着,罗斯福来到佐治亚州的曼彻斯特发表演说,当他站上讲台时,有一张小纸条传到了他的手上,上面写着:已经转接到您太太的来电,希望您来接一下!

直到结束自己的演讲,罗斯福才去接听太太的电话,可电话线路不是很稳定,无论是埃莉诺还是后来接听的阿弗烈·史密斯,罗斯福都听不清对方在讲什么。最后罗斯福大声地告诉对方,回到温泉谷之后的罗斯福再给对方打过去,到时候别忘了接听。

"罗斯福先生,请您竞选州长吧!"罗斯福这才听到那边是史密斯的声音,而且近乎哀求,发生了什么?那边的史密斯继续说道:"对我来说,您来竞选州长就是对我的帮助啊!"

电话那边的声音很嘈杂,陆陆续续听到很多人哀求的声音。这一个是赫伯特·乐门的:

"罗斯福先生，我们都希望您来竞选州长。我向您保证，如果您竞选州长，我便竞选副州长的职位来辅助你，到时候您还是有时间去做治疗的……"

看到罗斯福的表情有些许让步的意味，爱乐·韩德小姐缓缓地坐下，开始啜泣起来。刚刚撂下的电话再度响起，罗斯福接起电话又听见史密斯的声音：

"罗斯福先生，如果我们一再提名您竞选州长，您会拒绝吗？"

"什么？"罗斯福震惊了，这个问题在这一瞬间致使他哽咽起来，"说实话，我不知道会不会拒绝！"

说完话之后，还没等那边撂下电话，罗斯福便把话筒递给了爱乐·韩德小姐。但是，罗斯福不敢看她，因为一旦那边提名成功的话，自己将成为纽约州州长候选人，令人欣慰的是能干的乐门先生将作为自己的副手。

罗切斯特那边依然沉浸在选举和提名的快乐中，而温泉谷这边却充斥着忧郁。如果当选纽约州州长，罗斯福所牺牲的不单单是他的健康，还包括他一直心心念念的温泉谷计划。

约翰·J.瑞斯寇先生是阿弗烈·史密斯的竞选经理人，他对史密斯说："先生，我不知道在这个世界上还有谁能比罗斯福先生为你牺牲更多了！"

在温泉谷的罗斯福犹豫了好长一段时间，但既然已经被提名，他就要全力以赴。于是他对韩德小姐说："即使我们再排斥，也无法推辞，所以我们还是全力以赴吧！"

于是罗斯福在10月初返回了纽约，以纽约市的毕特摩旅馆为起点展开自己的竞选活动。爱乐·韩德小姐依然留守温泉谷，其余的工作人员都是一生忠于他的人。这次担任他秘书的是葛丽丝·杜摩小姐，还有另外一位撒姆尔·I.罗门生律师，也为罗斯福贡献很多良策。路易斯·何威、撒姆尔·I.罗门生律师以及小亨利·莫根德组成了罗斯福强大的竞选团队。

就在罗斯福全力准备竞选工作的时候，他的对手开始散布关于他的谣言：

"富兰克林·罗斯福已经非常跛了，怎么能够参加竞选？"

"这样的人参加竞选，谁能放心啊？"

…………

面对这些谣言，罗斯福一向采取以不变应万变的策略，罗斯福开始他的演说之后，很多民众将看到罗斯福本人，那么那些谣言便不攻自破了。此时的埃莉诺正在支持阿弗烈·史密斯的竞选活动，而罗斯福也开始了自己的竞选活动。

对于民主党来说，1928年11月的竞选就是一个噩梦，虽然纽约的几个地区依然拥护民主党。结果却是以赫伯特·胡佛为领袖的共和党获得了优势巨大的胜利，在48个州中赢得了40个州的支持。更有甚者，在南方一直支持民主党的州也将宝贵的票投

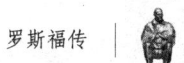

给了共和党。

与此同时，罗斯福对自己能否当选纽约州州长也没有信心，纽约的选举一直都是保密的。知道结果的那一刻之前，躺在床上的罗斯福计算着一旦这次失败，那么下次竞选得是什么时候呢！

"哦，现在自己46岁，正是人生的壮年时期。再过七年，我就可以卷土重来，再次参加竞选。这七年，我一定要韬光养晦，吸取更多的经验。"

如果这是失败的竞选，他首先要做的就是回到温泉谷，休息一段时间。圣诞节马上又要到了，他得带着全家去海德公园度假。怎样度过今年的圣诞节呢？罗斯福心里盘算着：

"要在别墅的客厅内放一棵巨大的圣诞树，那样的话全家人才会在圣诞夜围坐着圣诞树聊天、玩闹……"

而事实上，这一年的圣诞节也是按照罗斯福所规划的那样进行的。那一天，大家围坐在一起。罗斯福的母亲已经满头白发，自己和埃莉诺正值壮年，五个已经长大的儿女……大家围坐在一起，享受此刻的美好。每个人的脸上都洋溢着幸福的笑容，五个孩子争先恐后地说着自己的心里话，这一切多么美好啊！

最终，罗斯福成功当选纽约州州长。1929年的元旦到来，对于罗斯福来说，最好的礼物莫过于就任纽约州州长了。这一天，洗漱完毕的罗斯福来到大厅，他将手放在了一本1686年在荷兰印制的古老版本的《圣经》上，正式宣誓就职。

在工作中，罗斯福的作风就是全心全意、雷厉风行。显然在这一刻，他忘记了乐门先生的承诺。凡事亲力亲为的他，想告诉同在办公室的各位同仁：在这里，你们应该跟我一样努力！

感受过罗斯福的工作作风，即便是他的对手们也会非常赞赏他。罗斯福最大的工作特点就是知人善任，他知道身边的每个工作伙伴最适合担任哪个职位。

法兰西斯·铂金斯小姐一直在劳工部门从事社会工作，有感于她的细心和果断，罗斯福让她到工业局任职局长。自己曾经的竞选助手——小亨利·莫根德，现在被罗斯福任命为农业顾问委员会主席。而撒姆尔·I.罗门生律师则发挥特长，成为州长顾问。

担任纽约州州长两个任期的罗斯福，经常亲自去各地视察工作，并从中获得解决问题的第一手资料。针对劳工和商业的问题，他曾经和地方政府的人员详谈以了解事情的真相，并且和康奈尔大学的那些农业专家进行磋商，寻求解决的办法。

担任纽约州州长期间，他换掉了艾略特这个助手，取而代之的是葛恩西·克罗斯。为什么会换掉儿子艾略特，不让他在自己身边多学一些呢？如果你就这个问题问罗斯福，相信他会这样回答你：

"诚然，如果让艾略特常年地待在我的身边，的确可以让他得到很多。但他必须先完成自己的学业，才能知道自己的真正兴趣所在。否则一味地把他绑在我的身边，就是对他的迫害啊！"

名人励志传记丛书

在就任纽约州州长之前,罗斯福就听说纽约州跟国内其他的州是分离的。直到上任之后,罗斯福才发现这种"分离"之说是多么荒谬。相对于南部和西部的情况,纽约州的各行各业的从业人员,或者是农民以及工厂工人,并无二异,何来"分离"之说呢?

为此,他经常积极地与国内其他地区的州长保持联络,希望可以减少纽约州被误解的可能性。幸运的是,其他地区的领袖都愿意与罗斯福分享他们的管理经验。

就在罗斯福的工作逐渐走上正轨的时候,罗斯福这个家庭似乎不是那么平静。在给自己的好友写的一封信当中,他是这样叙述的:

哦,我的挚友,这几天我的家庭正在遭受有史以来最为严重的一个创伤。我的儿子詹姆斯刚刚罹患肺炎,现在正在休养中,希望他能早日痊愈!

而另外几个孩子也不叫人省心,小儿子约翰的膝盖受伤,不得不被拿掉一块软骨。小罗斯福因为打架,鼻骨断了两次,你说怎么办才好?艾略特下个礼拜就要开刀了,也不知道手术能不能成功?

现在看来,只有我那唯一的女儿过得还算不错,她们一家正在欧洲度假,还真不错!

时间来到了 1929 年年末，美国出现了经济危机。这一年的 10 月，股票大跌，通货膨胀导致民怨沸腾。1930 年，罗斯福觉得要挑战自己，再度竞选纽约州州长。

就在州长选举的前几天，罗斯福采取了一系列措施来治理纽约严重的失业问题。虽然他所提出的"辉煌战斗"这个观点很新颖，但收效甚微。

就在这个时候，一位名叫亨利·霍普金斯的年轻社会工作者走进了罗斯福的视野当中，罗斯福任命他为 TERA 机构的主管。在这个年轻人身上，罗斯福看到了路易斯·何威对自己那样的忠诚。

在与霍普金斯闲聊的过程中，罗斯福得知，这个年轻人在爱达荷州出生，比自己小八岁。他大学毕业之后，便投身社会工作的行列中来。曾经参加过 1928 年的竞选，那时两人还不认识。直到霍普金斯被任命 TERA 机构主管的时候，罗斯福才真正和他建立了友谊。

1930 年，当霍普金斯在 TERA 机构任职的初期，便已经非常熟稔失业和贫穷对社会的危害，因此他在任职期间一直想要找到解决这个问题的方法。在他的带动下，其他地方也在效法他的做法。

成为美国总统

任职期间,大多数人有感于罗斯福这个纽约州州长的辉煌政绩,继续给予他支持和爱戴。1930年,他再度被选为州长,他的支持者看重的正是在政治潮流转变中,他那处变不惊的作风。当然,因为经济恐慌和失业率的增加,没有一个党派不被指责。

1931年的夏天,在出席一个在印第安纳召开的州长会议的时候,罗斯福成为党内最受欢迎的总统候选人。显然,他已经赢得纽约州选民和一些全国民主党重要人物的信任,这份信任无疑使他对自己的总统竞选之路充满了信心。

任职期间,他所提出的很多惠民的法案都被通过。他还承诺民众,自己有很多关于创建新医院、创造更多工作岗位以及关于养老金的想法。当然,罗斯福反对《禁酒法》的法案是一个非常好的法案,这种提出法案的勇气促使党内很多领袖选择支持他。

当党内提名竞选总统时,出现了一个非常尴尬的场面,曾经失败过两次的阿弗烈·史密斯还想再度竞选总统。在罗斯福担任纽约州州长的这几年时间,他和史密斯的友谊渐渐被冲淡了。这是为什么?

罗斯福是一位既有主见又有远见的州长,遇到问题他很少咨询阿弗烈·史密斯这位前任州长,并且在任期间搞了许多改革,这让阿弗烈·史密斯这个前任州长多多少少显得政绩平平。

可是前两次竞选,罗斯福都推选阿弗烈·史密斯,这一次他

是为了自己。于是两人在国内各州的预选会上成为不折不扣的对手,无论是阿弗烈·史密斯还是富兰克林·罗斯福都想代表自己的党派去竞选总统。

1932年6月27日,民主党全国代表大会在芝加哥召开。此时的两个人的人气相差无几,用"旗鼓相当"来形容两人的实力,最为恰当。

而共和党的代表大会于两周前闭幕,他们提名的依旧是赫伯特·胡佛,这并没有引起什么轰动,仿佛是众望所归的事情。

在州长官邸的起居室内,罗斯福家人以及民主党派的一些工作人员陪在他的身边,爱乐·韩德小姐、葛丽丝·杜丽、罗门生夫妇和汤米都聚集一堂,一起等候竞选结果的宣布。此刻的罗斯福坐在了距离收音机最近的地方,一个可以直拨芝加哥的电话就放在他触手可及之处。

而大会现场则是由吉米·法利和路易斯·何威看着,同时自己的一众儿女——安娜、詹姆斯和小罗斯福,也在那里等候结果。

经过烦琐而漫长的流程,第二天的凌晨才开始第一轮唱票。唱票结果为:

富兰克林·罗斯福:666票;

阿弗烈·史密斯:201票。

尽管目前罗斯福以大比分优势取得了一个小胜利,但这个优势并不能让他获得最终胜利。这个时候,就是吉米·法利和路易斯·何威的工作时间了,他们必须在下次唱票之前为罗斯福积极奔走。

第三次唱票结束的时候,罗斯福获得683票,史密斯则是184票。虽然两人之间的差距越来越大,但这个结果仍然不能帮助罗斯福取胜。

吉米·法利和路易斯·何威注意到想要取胜,必须争取到得克萨斯州的支持,于是两人将主要精力对准这个州的成员,进行游说。果然,在收音机这头的罗斯福听到得州发言人在大会上大声宣布:"得克萨斯州支持富兰克林·罗斯福!"

简单的一句话使得收音机这边的人无不兴奋异常,紧接着加利福尼亚州的领袖威廉·麦卡杜走上讲台,开始他的演说。这时,罗斯福有些担心,麦卡杜也是候选者之一,因为跟史密斯票数僵持才放弃竞选,这时他上台是想演说什么呢?

"加利福尼亚州也在此提名一位美国总统候选人……"麦卡杜说到这里,收音机传来了尖锐的吱吱的声音,罗斯福等人紧张万分,很怕错过麦卡杜的任何一句话,"他就是富兰克林·罗斯福,我们把44票都投给他!"

麦卡杜的声音刚落,收音机便传来了会议大厅民众们爆炸般的声音,罗斯福等人也都疯狂了!此时不疯狂,更待何时?麦卡杜的这番话意味着罗斯福稳操胜券,获得民主党总统候选人提名,这是一件多么可喜可贺的事情啊!

平静下来的罗斯福转头看向撒姆尔·I.罗生门先生,询问道:"我接受提名的演说稿,你是否已经检查过了?"

"当然,先生!"撒姆尔·I.罗生门的回答非常简洁。

罗斯福为什么会在这个时候询问撒姆尔·I.罗生门这个问题?原来,他一早就准备好了,一旦自己战胜阿弗烈·史密斯,他便会第一时间空降到会议大厅开始他的演说。

乘坐飞机抵达大会之后,罗斯福向街道上的民众点头示意表示感谢,还一路和路易斯·何威最后敲定演讲稿。

当结果揭晓时,那些本来还在为各自的领袖奋斗的助选人马上懈怠了,瘫倒在充斥着烟味等混浊空气的现场。但当大家看到丢掉拐杖、丢掉撑木,只是拄着一根手杖的罗斯福出现在台上的时候,他们都好像充好了电一样静静地看着他。当罗斯福紧紧抓住演讲台的边缘保持平衡,并且面带微笑开口说话的时候,现场没有一个人不沸腾。

"感谢你们为我做出的努力!"罗斯福首先说的是感谢,接着向在场为之奋斗过的人深深地鞠了一躬。站稳后他继续说:"我保证,这次当选之后我一定杜绝在任何重要问题上留下疑点!"

当时的美国社会存在的两个重大问题——失业人口的增多和经济萧条。罗斯福在演说上直言,希望通过降低关税的措施来创造更多的国际贸易机会,通过抵押房屋来保证家庭失去自己的根基,通过在遗弃的土地上重新种植来保障环境……没有过多华美的字眼,只有简短有力的措施,彰显了罗斯福雷厉风行的工作态度。

"在此,我向自己以及在座的每一位发誓,我会为美国民众创造更多的新政!"罗斯福以这句话结尾。这不是一个简简单单的承诺,更像是在履行自己的职责。

持续几周的舆论调查结果出来之后,罗斯福以及同僚们看到了胜利正在向他们招手。尽管身边的朋友和战友不希望因为竞选的奔波给罗斯福造成身体上的负荷,他本人却想向周围的人证明:自己依旧是那个从前的政治家。

结束了麦迪逊广场公园的竞选演说,意味着罗斯福在家乡的所有竞选活动告一段落。下一步将要开始在波福克西发表综合广播演讲。

结束了全部的竞选演说之后,来到了总统大选投票日。罗斯福全家来到位于海德公园的投票处进行投票,当晚他们在纽约市的住处内举行了一次私人宴会。宴会尾声,罗斯福一家乘车来到毕特摩旅馆内,听取投票的结果。

是的,如果罗斯福没有取胜,那么还会有谁取得压倒性的胜利呢?收音机里传来:"富兰克林·德拉诺·罗斯福获得了42个州的投票……"

取胜之后,在场的每一个人都感到了罗斯福肩膀上承担更大的责任。一天,詹姆斯陪伴父亲入睡,他听到自己的父亲这样说道:

"詹姆斯,你知道吗,在当选总统之前我最害怕的是什么?"

"爸爸，你还有怕的事情？"詹姆斯侧头询问道。

"当然，以前我怕着火。但从这一刻起，我害怕的是面对这项工作心有余而力不足。"

说到这里的时候，詹姆斯紧紧地握住了父亲的手以给予其鼓励。接着罗斯福继续说道：

"但我会向上帝祈祷，希望主耶稣赐予我力量！"

现在的罗斯福不再属于自己或者是罗斯福家族，而是属于整个美国民众。因此他比以往更重视自己的身体状况，在就职日到来之前，他还可以到温泉谷度假两次。

度假期间的罗斯福心情很好，虽然此刻徜徉在温泉谷内，但今后这样的日子将会减少。即便自己现在在度假，也有很多阶层的领袖来拜访他。他将要与这些人讨论新内阁的成员，以及采取怎样的措施来面对经济萧条引起的金融危机。

此后，罗斯福不再适合居住在自己的别墅里了，于是他建造了一所"小白宫"，并且于1932年开始居住于此。而那些情报人员在"小白宫"的附近布下岗哨，保护总统的安危。罗斯福并不乐见那些前来保护自己的人，但他也知道这是正常的现象。罗斯福从温泉谷离开之后，意味着他马上要前往北方任职了。

让人们生活得更好

1933年3月4日，天气中有丝丝的冷意。这一天早上，罗斯福一家乘坐汽车来到圣约翰主教的教堂去做礼拜。穿梭在首都的街道时，沿途罗斯福频频向民众挥手。

接着，在伍德洛·威尔逊总统曾经站过的地方，罗斯福稳稳地站在了那里。伸出手放在一本家用《圣经》上宣誓就职。

而此时的美国正在经受着严酷的洗礼，民众们上顿不接下顿，银行关门、工厂倒闭……似乎大家的希望全都寄托在这位即将在全国最具有话语权的人身上了。

在就职演说上，罗斯福承认目前首要的任务是让更多的人有工作，继而才能解决个人的温饱工作。这段话使得笑容再次绽放在现场民众的脸上，他们似乎看到了希望。

接着他任命了新内阁的成员：国务卿这个职位交给田纳西州的柯德雨·哈尔，内政部长由海若·艾克斯担任，农业部长是亨利·华乐斯，劳工部长为法兰西斯·铂金斯，邮政部长由詹姆斯·A.法利担任。

这些人并不是美国政坛中的一般人，罗斯福之所以任命他们担任国家机关的要职，是因为他希望借助一系列专家，可以带着国家走出目前的窘境。事实证明，罗斯福的决定是何等的英明。就在就职典礼结束之后不久，华盛顿又恢复了往日的气息。

从1933年3月9日到6月16日这一百天内，罗斯福向国会提出了十五条关于怎样解决国家现在困局的新政。而这一百天的新政提交记录，使得现在的历史学家将这段时期称作罗斯福·德拉诺·罗斯福的"百日新政"。

《紧急银行法》便是罗斯福提出的第一条法律，在他看来现在的银行大规模的关门很大一部分原因是民众对经济的恐慌情绪。因此，他提出必须在一个新的法律机制下，银行才能更加稳固地重新开门，稳固经济。

"平民保护团"是罗斯福在3月末成立的一个民间团体，那些四处流浪、偷鸡摸狗的贫穷的年轻人是这个团体的重要组成部分。针对这个团体中的所有成员，罗斯福倡导政府给他们安排工作——重新在已经荒废的土地上种植和开垦荒地，按照工作的面积和时间领取薪水，罗斯福将这项工作交给了一位森林专家来统筹。不久之后，这个团体便聚集了很多人。

他们的工作固然辛苦，但通过辛勤的劳作便可获得薪资报酬，而且在这个基础上还可以重拾信心。令罗斯福没有想到的是，虽然他的初衷只是提供更多的工作岗位给那些闲散的年轻人，但开垦土地或者是重新种植森林，在一定程度上保护了当地的土地不被沙漠所侵蚀。

《联邦紧急救济法案》是罗斯福"百日新政"的另一大著名的法案，罗斯福立这个法案的宗旨是通过财政援助的手段帮助那些不能果腹的人。罗斯福将这个工作交给亨利·霍普金斯来处理，因为他知道这个年轻的小伙子曾经在纽约州从事过同样的事情。

除了知人善任，能让这些人对自己的工作产生兴趣，是罗斯福另一种天赋的显现。虽然交给霍普金斯的工作并不是一份美差，但霍普金斯用自己的智慧将这个工作做到极致。他先是设立了一个叫作"公民劳工管理局"的机构，然后通过这个机构来安置那些失业人口。在半年的时间内，霍普金斯成功安置了400万的失业人口。

以全国为基础来保护农作物，是《农业调整法案》的主要宗旨。这个法案未来引起了很多争议。当然，激烈的争论主要集中在创建田纳西流域管理局。为什么罗斯福想要积极地推动这个法案？

就在选举日和就职日之间的那几个月，他曾经修书给温泉谷所在地的乔治·诺里斯参议员："我一定会去看看那片浅滩。"有一次他在温泉谷旅行的时候，看到了那块贫瘠的浅滩。当时他就思考着怎样好好利用这块浅滩，使之不至于荒废。于是，像以往任何一次一样，罗斯福选择无视那些阻挠自己的人。

罗斯福不止一次来到这片浅滩，他目光所及都是疮痍。而且他注意到，乱砍滥伐是导致洪水将表面的河床冲走的主因。于是他找来了诺里斯参议员，诚恳地与他商榷采取种植新的农作物复苏农地和重新造林的方法对这片浅滩进行改造，取得初步成果之后再进行第二轮的升级——开发水坝、增加新的工业项目，光这几项工作就需要很多人手。

诺里斯参议员没想到罗斯福总统会花费这样大的力度来治理这片浅滩。于是称赞这个法案是"白宫签发的最漂亮"的法案。

八年之后，当埃莉诺来到这片地区旅行的时候，称赞这是一个"何等繁华"的地方啊！当然，这是后话。可见，当时的罗斯福做了一个多么正确的决定和法案。

当年的7月，根据另一个银行法，联邦银行储蓄保险公司成立。美国政府创立这个公司的宗旨就是保障市民个人存款的安全。

在"百日新政"中，最受国会支持的就是NRA法案，所谓"NRA"就是国家复原管理局。在其他计划中没有被包括在内的所有事情，都涵盖在这个计划之内。印有银色巨鹰的大旗便是NRA的象征，只要是采取NRA制度的工厂，都可以在窗户上贴上一面NRA的旗帜。

这个机构首先要求的就是：工业界缩短每天工作时间和提高最低保障工资。这个机构不但向用人机构提出要求，还会团结劳动力与工厂进行交涉。此外，该机构还倡导严禁雇用童工、每周至少放假一天等政策。

政府对于NRA的支持就是，提倡民众到插有NRA旗帜的店铺去消费。因此这个机构给民众和雇主逐渐创造了双赢的结果，也是从这个机构开始，民众相信美国的经济迟早会复苏。

跟经济复苏成正比的就是罗斯福的人气。埃莉诺继续帮助罗斯福到全国各地去视察当地仍然需要进行改革的方面。在外面的埃莉诺表现得非常得体，尤其是在贫民窟里，她不会显得过于高傲，而是非常亲民。

跟自己的先生打破陈规一样,埃莉诺这个第一夫人也使得白宫变成一个非常友善而且温暖的地方。在这里,孩子们可以自由地奔跑,访客们也不会因为这是总统府而感到局促。

在白宫跟罗斯福家族住在一起的,都是他们最信任的人。路易斯·何威担任总统的私人秘书,而第一夫人埃莉诺也有她自己的私人秘书——莫维娜·汤普森。葛丽丝·杜丽和爱乐·韩德两人负责总统的信件,前者负责听写,后者负责分门别类。

每天早上,罗斯福开始一天的工作,除了要和各个党派的人士会晤之外,开会成为他每天的"家常便饭"。

在白宫里,谁对罗斯福的工作最有发言权?那非海军中将罗斯·T.麦因泰莫属,他可是罗斯福总统的贴身随员,除了担任罗斯福的医生和健康总管之外,每天检查罗斯福的身体三遍。无论总统先生是在国内还是国外,是在视察还是开会,罗斯·T.麦因泰都不离总统半步。除了小儿麻痹造成的残疾之外,罗斯福总统没有任何健康问题——这便是罗斯·T.麦因泰最乐于见到的结果。

罗斯福在白宫度过了自己 52 岁的生日——这是他在这里度过的第一个生日,同时也说明他是住在这里最为年轻的总统之一。1934 年 1 月 30 日,罗斯福邀请很多残障儿童来为自己庆祝生日。当天,他还发表广播讲话,呼吁大家为残障儿童提供帮助。

当然,这并不是罗斯福第一次发表广播演讲,早在他就任的那天起,他就采取广播讲话的方式与各个阶层的民众进行交流。

"炉边谈话"是罗斯福给这种新型的交流模式所起的名字。第一次进行"炉边谈话"是在自己就职不久,通过广播,他用简短精悍的语言向民众解释银行危机;第二次是向民众解释什么是"NRA"机构;这是第三次,他呼吁大家重视并帮助残障儿童。

为了响应罗斯福的呼吁,很多科学家们开始着手研究防治小儿麻痹的疫苗,并且取得了一定的进展。经过研究,美国的科学家们确定,引发小儿麻痹的病毒是一种滤过性病毒。虽然他们还不能在显微镜下观察到这种病毒,也不知道它们是怎么复制和传播的。

陆陆续续从全国各地传来了令罗斯福非常开心的消息。首先,一位在纽约大学工作的莫里斯·布鲁代博士,从已经死掉的病原体中提炼出一种疫苗,可以有效抑制引发小儿麻痹症的病毒。接着是,一种含有活的病原体的疫苗在费城坦波大学问世,它的研制者名叫约翰·柯摩则。

两种疫苗都能有效抑制病毒的传染,区别就在于一个是死的病原体,一个是活的病原体。参与研究的科学家和医生们因此展开了激烈的讨论,在临床上使用哪种病原体,并且持续数年。

在经过多次试验后,1935 年,临床经验昭告天下:没有任何一种疫苗可以安全使用。这就意味着,研究工作还将持续,并且要从更深更广的范畴内研究。

罗斯福深知自己的知识有限,并不能为小儿麻痹儿童做出科

名人励志传记丛书

学研究，因此坐在轮椅中的他难免非常苦闷。可他知道，既然不能为了这个病症投身到科学家的行列中，那么他只能呼吁大家多关怀罹患小儿麻痹的儿童，推进这项科学研究的圆满进行。

虽然在他的领导之下，美国的经济有所复苏，但复苏的程度和速度都不能使罗斯福感到满意，因此偶尔他也有挫败感。而且，他仍然没法像威尔逊总统那样，维护世界和平。每每想到这两点地方，罗斯福总会感到自己是一个孤独主义者。

就在他执政后的一个月后，罗斯福宣布要发行邮票，并不是简单的那种邮票，而是用来纪念的特殊邮票。150年前，在纽伯夫，乔治·华盛顿总统曾经在那里做出和平宣言，向天下昭示英国和殖民地的和平。为了纪念这个宣言问世150周年，罗斯福宣布发行这种特殊的邮票。

在罗斯福很小的时候，他就喜欢集邮。为了这次邮票的完美发行，他给当时的邮政局局长吉米·法利写信道：

我希望，纽伯夫纪念邮票将成为我漫长的集邮史中，最有意义的一次！

在阿灵顿国家公墓的一次休战纪念日上，罗斯福做了他第一届任期中最为感人的一次演说，他说：

"我们不应该在我们的周围树立那繁琐的篱笆，更不能像一只鸵鸟一样永远在沙子里躲避，决不能那样做。现在的我们必须一鼓作气势如虎，勇往直前，为了国家的和平和世界的和平而去努力奋斗……

"尽管现阶段，每个国家之间都存在着猜疑，每个国家都在扩充自己的武器储备，这些都是促使世界大战爆发的前奏。但我可以在这里向大家通报：我们刚刚跟加拿大签署新的互惠贸易协定。

"我希望从这个协议签订的这一天起，我们国家要做一个和平的典范，为世界和平贡献自己的一份力量。只有促进各国之间的友谊，才会让和平之花在世界开放，这样我们以前的努力才不会白费！"

第五章

努力推进世界和平

成功连任

在任期间,罗斯福一直推进世界和平。其他各国却不是这样想的。阿道夫·希特勒从1933开始出任德国总理,众所周知他是一个异常残暴的人。而在同期,日本也开始了侵略中国的进程。

1933年,在日内瓦召开的60国裁军会议上,罗斯福力劝各国裁减武装,避免武力解决争端,收效甚微。1934年,罗斯福向国会提交《主张美国加入国际法庭》的法案,但并没有通过。

第二年的春天,德国纳粹政府拒绝承认《凡尔赛条约》。同年的秋天,意大利吞并埃塞俄比亚。看来,国外的战争一触即发。而与此同时,美国的经济恐慌还没有彻底消除,依然有上百万人口没有工作。

为了挽救国内的情势,罗斯福签署了诸多法案,包括:1935年年初,减少失业人口的救济法案;同年5月,建立乡村电气化的第7037号法案;夏天,《社会安全法案》和《华格纳劳工关系法案》……通过国家的调节,国内不景气的现象得到了缓解。

1936年,大选将至,罗斯福再一次被提名,并最终成功当选。糟糕的是,曾经陪伴自己的那些亲信都不在身边。所以这一次担任他助手的是吉米·法利,显然他是一个称职的助手,他帮助罗斯福到全国的各个角落里去演讲,和底层的人民对话,最终帮助罗斯福连任。第二次就职后不久,最高法院裁决反对罗斯福提出的很多新政,因此他对这个机构表达了自己的愤慨。

虽然从罗斯福就职至今,经济萧条和失业人口并没有得到根本的解决,但罗斯福的政策还是非常有效的。因此最高法院选择支持他所提出的《社会安全法案》。

没有跟任何人商量,罗斯福起草了一份咨文并且向内阁长官进行宣读。核心内容是,命令高等法院自我修正并且改善。

咨文的面世使得在场的人非常震惊,这是非常危险的事情啊!在随后的一次"炉边谈话"中,罗斯福向民众阐述自己的意图,他的目的只是想继续推进自己的改革。

这年4月,最高法院赞成《华格纳劳工关系法案》,这次最高法院没有阻挠新政。在同年的7月,最高法院的院长终于退休。

当时的美国还笼罩在一片罢工潮当中，面对这种国情，罗斯福主张立法对"最长工时"和"最低薪资"进行规定。但在当时的国会，他仍然无法实现这个主张。

虽然罗斯福没有任何退步的意思，在1937年开始，返回华盛顿的罗斯福马上召开了一场国会特别会议。向他们解释现在急需解决的问题之一就是关于"最长工时"和"最低薪资"的法案。其次则是要控制农作物的生产速度，要知道如果农作物产能过剩会导致其价值降低。这会引起失业人口的再度增加，如果现在不解决这个问题，那么一连串的连锁反应将会给政府带来不必要的麻烦。

当然，罗斯福依旧是在哈佛求学的那个在同一时间里处理很多事务的人。他一边观察着世界的形势，力荐自己的和平主张；一边还要持续掌控国内的经济，避免美国再度陷入金融危机。

虽然罗斯福倡导世界和平，但在他的心中，始终想要发动一场战争。这场战争的敌人不是嚣张跋扈的德国，也不是贪心的日本，而是小儿麻痹。

1937年的秋天，罗斯福和自己的合伙人贝索·欧克那着手创办国家基金会的相关事宜。在冬天来临之前，罗斯福向全世界宣布：这个基金会主要的服务对象就是那些小儿麻痹患者，而且主要针对三个阶段进行救治，即发病前的预防期、发病中的治疗期和治疗后的巩固期。

这个基金会将全力以赴赞助研究机构的各项研究工作，以便科学机构有足够的资金来对这项病症进行研究。此外，这个基金会还要给予小儿麻痹患者更多的照顾。除了提供资金之外，这个基金会还将与温泉谷方面联系，让更多的小儿麻痹患者去到那里去治疗。

1937年元旦过后的第三天，新的国家基金会成立，这次是以财团的形式来进行管理。贝索·欧克那是董事长，摩根是基金会执行委员会的主席。两人精诚合作，共同辅助罗斯福赢得与小儿麻痹之间的战争。

伟人的陨落

此时战火蔓延整个欧洲，1939年，希特勒跟苏联签订了一份永不侵犯的条约之后，将战争的矛头对向波兰。英法等国即便携手也难以抗衡希特勒的军事力量。同年的9月1日，第二次世界大战正式爆发。一个月之内，德国的坦克战无不胜，将波兰碾在脚下。很快地，德国的军队迅速占据了荷兰、丹麦、比利时和挪威。最终将战火燃烧到了法国的北部。

在第二年6月，法国宣布投降，纳粹军队正式占领巴黎，并且以巴黎为圆点横扫整个法国。意大利和英国逐渐加入到这场战争中来。当德军的炮弹在敦克尔刻沿海爆炸的时候，即便英军奋力抵抗，也难抵德军的猛攻。而日本随后也加入到了"轴心国"

的阵营中。

针对国外的战况，罗斯福将战争顾问请到了白宫，他任命史丁逊为陆军部部长、纳克斯为海军部部长。

6月中旬，共和党党员在费城开会，来自纽约州的汤姆斯·E.杜威成为他们选出来的候选人。而民主党的代表大会则是于1940年的7月在芝加哥召开，选出富兰克林·德拉诺·罗斯福成为候选人。

坊间都在议论罗斯福能否连任，成为继第一届总统乔治·华盛顿之后的又一位连任三届的总统。

1940年的总统大选还是成功吸引了很多人的注意，民主党和共和党都在为自己党派的候选人奋斗。最终，罗斯福不负众望，再度连任。他的票数要高出对手整整500万张，这是前所未有的胜利。

当罗斯福得知这个结果的时候，虽然非常高兴，但是他深知，他的精力已经在过往的八年间耗费太多了，而现在世界局势非常不稳定，前面等待自己的将是更大的挑战和荆棘。

战争的气氛越加浓厚，连任后的12月，罗斯福来到温泉谷度假。他非常感谢每一位慷慨的朋友还在持续地建设温泉谷。第二年，"撑木商店"成功开张，这个商店主要售卖适合各种残疾人的撑木。

早在1939年，温泉谷还成立了学校和图书馆，它们都是平克内·塔克太太损资建立的。对于那些年轻人和孩子们,在温泉谷治疗之余,也能继续接受正规的教育。

而温泉谷的医院建成之后,很多外科整形医生便可以在这所医院,为那些因为罹患小儿麻痹而造成残障的患者进行手术。

科技不断发展,各项科学仪器得到了改良,显微镜也属得到改良的科学仪器之列。经过改良,显微镜可以放大几倍,这就意味着一直处于"神秘"地带的引发小儿麻痹的病毒将要被世人所认识和解读了。那么,攻克小儿麻痹便指日可待了。

结束了这次温泉谷之旅,罗斯福赶紧回到了华盛顿,在国会联合会议上发表了著名的《四大自由》的演说。他说"四大自由"包括四个方面,分别是言论自由、信仰自由、免于贫困的自由和免于恐惧的自由。

罗斯福说道:"未来几代美国人的幸福,可能要看我们如何有效而迅速地使国家稳定。在国家的命脉遭受到危险的时候,国家的双手绝对不能被绑缚……"他的"四大自由"演说发表后一个月,美国国会通过了《租借法案》,允许美国向反法西斯国家输送金钱和物资。

美国对反法西斯国家的支持立刻引来了法西斯国家的报复——1941年12月7日,在日本海军大将山本五十六的指挥下,日军偷袭了珍珠港。面对法西斯国家的暴行,总统终于决定向法西斯国家宣战。罗斯福、丘吉尔和斯大林组成了"二战"时期最为著名的"三巨头",他成了世界上著名的反法西斯领袖。

美国加入世界反法西斯同盟之后,战局很快就被扭转了过来,和平的曙光再次降临。可是,罗斯福总统的身体情况却越来越糟糕了。1944年11月17日,罗斯福以53%的得票率第四次当选为美国总统。一个人连任四届美国总统,这真是一个前无古人后无来者的奇迹。

也许,只有上帝知道,罗斯福是在用自己的生命为和平而奋斗。

1945年4月1日是复活节,罗斯福高高兴兴地去教堂做了礼拜。接下来的几天里,他像平常一样,会见客人、回复信件,看上去和往常没有什么差别。死神却悄无声息地向他靠近了……

4月12日上午,罗斯福坐在壁炉前办公,画家伊丽莎白·肖马多夫夫人在另外一个房间为总统画素描画。就在肖马多夫夫人正画得入神的时候,突然听见罗斯福发出一声惨呼:"哦,我的头好痛!"

肖马多夫夫人赶紧循声望去,发现总统先生已经顺着椅子倒了下来。她赶忙站起来冲了过去,招呼几个侍从去找医生。几分钟后,何华·布伦恩医生便急匆匆地赶来了。总统的侍从们将他抬到了床上,医生赶紧对他展开急救。可是,一切都来不及了,因为罗斯福患上的是脑溢血……

美国历史上最伟大的政治家之一的罗斯福总统就这样悄然离

世了。几个小时后,全美国、全世界都知道了这个噩耗。反法西斯战争的胜利近在眼前,他却没有等到胜利的那一天就匆匆离去了。

也许,他真的太累了,他长眠于他的故乡——哈德逊河畔的篱笆下。

名人励志传记丛书